어린 산책자를 위한
아름다운 자연 도감

초판 1쇄 펴낸날 2019년 10월 21일
초판 4쇄 펴낸날 2022년 1월 17일
지은이 마리아 아나 페이시 디아스·이네스 테이세이라 도 로사리오 | 그린이 베르나르두 P. 카르발류 | 옮긴이 손영인 | 감수 윤정은
펴낸이 홍지연 | 편집 고영완 정아름 김선현 전희선 조어진 한지연 | 디자인 전나리 강소리 박태연 | 마케팅 강점원 최은 이희연
경영지원 정상희 | 인쇄 스크린그래픽
펴낸곳 ㈜우리학교 | 등록 제313-2009-26호(2009년 1월 5일) | 주소 03992 서울시 마포구 동교로23길 32 2층
전화 02-6012-6094 | 팩스 02-6012-6092 | 홈페이지 www.woorischool.co.kr | 이메일 woorischool@naver.com

ISBN 979-11-90337-05-2 74400
ISBN 979-11-90337-03-8 (세트)

First published in Portuguese as Lá fora, guia para descobrir a natureza Text ⓒ Maria Ana Peixe Dias and Ines Teixeira do Rosario, 2014.
Illustrations ⓒ Bernardo P. Carvalho, 2014.
This edition was adapted directly from the English edition by Frances Lincoln
Outside: Exploring nature / Outside: Discovering animals, 2018
Korean Translation Copyright ⓒ 2019 by Woori School All rights reserved.
The Korean language edition is published by arrangement with Editora Planeta Tangerina, Portugal through MOMO Agency, Seoul.

이 책의 한국어판 저작권은 모모 에이전시를 통해 Editora Planeta Tangerina, Portugal 사와의 독점 계약으로 "㈜우리학교"에 있습니다.
저작권법에 의해 한국 내에서 보호를 받는 저작물이므로 무단전재와 무단복제를 금합니다.

• 책값은 뒤표지에 적혀 있습니다.
• 잘못된 책은 구입한 곳에서 바꾸어 드립니다.

어린 산책자를 위한
아름다운 자연 도감

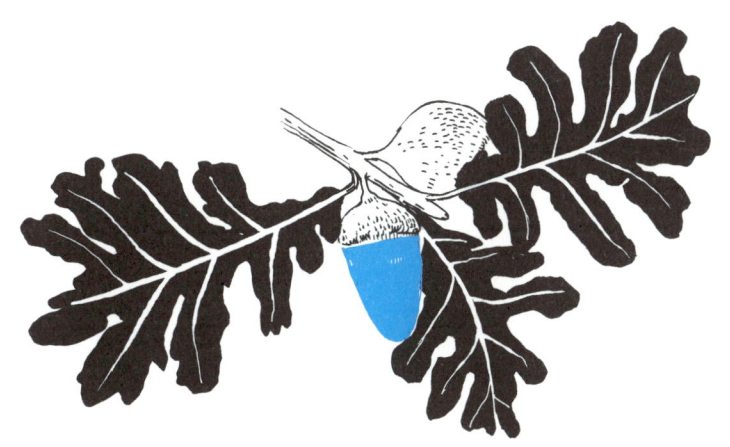

마리아 아나 페이시 디아스, 이네스 테이셰이라 도 로사리오 지음
베르나르두 P. 카르발류 그림 | 손영인 옮김

우리학교

🌺 **들어가며**: 어디로 갈까? 무엇을 가져갈까?   12

🍁 **나무**: 그늘에 앉자   24

🌼 **꽃**: 꽃은 어디에 쓰지?   58

🪨 **암석**: 지구의 중심으로   76

🔴 **바다와 바닷가, 조수 웅덩이**: 바닷가로 갈까?   100

● 별과 달과 태양: 우주로!　　124

☁ 구름과 바람과 비: 흠뻑 젖을 준비 됐니?　　144

🍃 용어 풀이　　162

🪨 연대표: 중요한 사건들　　169

🔑 더 알고 싶다면　　175

우리와 자연, 그 긴 이야기

선사시대 사람들의 삶을 상상해 볼까요? 그 시대 사람들은 자연에 둘러싸여 살았어요! 아스팔트 길도, 집도, 전기도 없었죠. 눈앞에는 들판이 끝없이 펼쳐지고, 강은 자유롭게 흐르고, 산과 절벽은 높이 솟아올라 있었어요. 윙윙거리거나 사납게 으르렁거리는 매우 다양한 동물이 살고, 나무가 아주 많았죠.

아주 오랫동안 지구에는 사람과 자연만 있었어요. 한쪽에는 사람이 있고 다른 쪽에는 식물, 동물, 강이 있는 것처럼 반반 나뉘어 있던 것도 아니에요. 사람이 살아남으려면 자연에 의지해야 했기 때문에 자연과 가까이에서 생활했어요. 나무에서 열리는 열매, 강과 바다에서 헤엄치는 물고기, 땅 위에 있는 크고 작은 동물이 필요했죠.

자연은 신비로웠어요. 사람이 자연과 함께 생활하면서 차츰 알아간 것도 있었지만 여전히 놀라운 일이 많았어요. 아직도 풀어야 할 수수께끼가 많이 남았는데, 예전에는 어땠을까요? 자연은 막강한 힘이 있었어요. 세차게 흐르는 강을 막을 수 있는 사람은 없었죠. 폭풍이 언제 올지 알 수도 없었고, 농사에 도움이 되는 발명품도 거의 없었어요.

자연은 사람의 친구이자 적이었어요. 우리를 위협하는 동물에 둘러싸여 사는 삶은 어떤 것이었을까요? 또 우리가 살기 위해 먹어야 하는 식물이 죽어 버리는 혹독한 겨울이나 가뭄, 홍수, 질병을 겪는 건 어땠을까요? 그래서 사람은 산, 나무, 강에 기도했어요. 자연을 살아 있는 사람처럼 대하며 말을 건네거나, 필요한 것을 부탁하기 위해 제물을 바치는 신으로 여겼어요.

나일강, 만세!
이 땅에 모습을 드러내어
평화로운 등장으로 이집트에 생명을 주도다!

고대 이집트인은 나일강을 향해 찬가를 불렀어요.

**모든 동물에 생명을 주고
쉴 새 없이 땅을 적시네
음식을 사랑하고 옥수수를 주시는
하늘이 내려오셨네**

미래를 알 수 없는 상황 때문에 사람은 늘 두려워했어요. 고대 이집트인은 나일강이 범람하면 땅이 기름지게 된다는 것을 알 수 없었죠. 사람은 살아남으려는 욕구 때문에 자연과 그 힘을 지배하고 싶었어요.

우리는 많은 방법으로 자연을 지배하려 했어요. 자연을 자세히 관찰하고, 자연이 보이는 변화를 시간을 두고 연구하고, 비슷한 점과 다른 점을 발견하고, 주변에 있는 생물을 구별했죠. 좀 더 쉽게 생활할 수 있도록 기술을 활용했고 점점 더 정교한 도구를 만들기도 했답니다.

시간이 지나면서 자연과 사람의 관계는 변하기 시작했어요. 우리는 이제 자연을 무서워하지 않아요. 자연과 대화를 나누거나 감사할 필요도 느끼지 못해요. 자연을 어느 정도 지배하는 게 가능해져서 사람은 결과를 걱정하지 않고도 자연을 이용할 수 있어요.

우리는 수많은 경험과 오류를 겪으면서 이미 훼손된 자연이 회복하는 데에는 한계가 있다는 것을 알게 되었어요. 또 지구에 있는 모든 것은 서로 연결되어 있다는 것도 알게 되었죠. 숲에 너무 많이 피해를 주면 아예 사라져 버릴 수 있다는 사실도, 어느 동물의 서식지를 파괴하면 그 동물은 멸종 위기를 맞는다는 것도 깨달았고요. 생물 한 종이 사라지면 다른 종도 사라진다는 사실도 알았어요. 자연의 모든 것은 순환하고, 우리 사람도 그 순환의 일부라는 것을 말이죠.

사람은 지구가 주는 자원에 완전히 의존하며 살아가요. 그리고 이제는 자연 역시 사람에게 의존하게 되었어요. 사람의 힘이 너무 커져서 지구 전체를 파괴할 수도 있게 되었으니까요. 아주 무서운 일이죠.

그래도 사람에게는 상식이 있다고 믿어요. 지구가 사라질까 봐 두려워서 이 책을 쓴 것은 아니에요. 더 많이 알고 더 나은 정보를 얻는다면 사람은 자연 세계의 아름다움과 풍요로움을 더 소중히 여기고 보호할 수 있다는 믿음이 있기 때문이죠.

자연을 가까이하는 것이 사람에게 이롭다는 걸 우리는 경험으로 알아요. 밖에서 시간을 보내면 마음이 한결 편안해지고 재미도 있죠. 자연은 우리를 좀 더 자유로우면서 창의적이게, 섬세하면서도 자신감 있게 만들어 줄 거예요.

기운이 없는 날도 있고, 기운이 넘치는 날도 있어요. 그럴 때마다 밖으로 나가 시원한 공기를 마시며 자연을 느껴봐요. 기분이 한결 나아질 거예요.

어디로 갈까?

마당이나 집 근처 작은 공원에서도 자연을 탐구할 수 있어요. "이곳에 사는 동물은 몇 종이나 될까?"라는 단순한 질문에 답하는 활동만으로도 일 년 내내 걸릴 지도 몰라요. 하지만 과학적 목표가 없어도 즐겁게 관찰할 수 있어요. 구름을 올려다보거나, 바람을 느끼거나, 나무에 올라가거나, 꽃을 그려 봐요. 어디서든 가능한 활동이잖아요!

도시 안 바깥 세상

아주 많은 생물이 우리가 사는 도시와 연결되어 있어요. 물론 비둘기, 참새, 갈매기 등을 주로 볼 수 있지만 조금만 더 주의를 기울이면 박쥐나 맹금류 새를 볼 수 있죠. 높은 건물에 둥지를 짓는 황조롱이도 볼 수 있고요. 이들뿐만 아니라 수백 가지가 넘는 여러 종의 생물을 만날 수 있답니다.

도시 밖 바깥 세상

도시 바깥으로 나가 보는 건 어떨까요? 좀 더 흥미로운 탐험을 할 수 있어요. 특히 다양한 동물과 식물의 입장에서 본다면 더 재미있겠죠? 탐험하기 좋은 곳을 소개할게요.

숲

숲은 아름다운 풍경뿐만 아니라 그곳에 사는 다양한 동식물을 만날 수 있는 특별한 장소예요. 숲에 가면 노래하는 새를 만나게 될 거예요! 운이 좋다면 나무에서 '드럼을 치는' 딱따구리 소리도 들을 수 있죠. 나무줄기 군데군데 작은 곤충, 거미와 거미줄, 버섯, 이끼 등 다양한 생물로 덮인 모습도 자세히 살펴봐요. 나무 한 그루 한 그루가 숲이자 서식지인 셈이죠!

대부분의 숲은 이미 많이 변했어요. 사람들이 목재나 숯을 얻기 위해 나무를 베었기 때문이죠. 상업적으로 개발하려고 일부러 식물을 심은 곳도 있어요. 사람의 손이 잘 닿지 않는 천연림에는 동물군과 식물군이 풍부해요. 가장 흔한 숲의 종류로는 소나무 숲 같은 '침엽수림'과 참나무 숲 같은 '활엽수림'이 있어요.

참나무 숲은 당연히 대부분 참나무가 자라고 있지만 너도밤나무와 자작나무도 있어요. 전부 낙엽수라서 날씨가 추워지면 잎이 떨어져요. 그래서 참나무 숲은 계절에 따라 모습이 많이 바뀌어요. 봄에 본 풍경과 가을에 본 풍경이 다르죠. 바닥에 떨어진 낙엽 아래에 얼마나 많은 것이 숨어 있는지 직접 확인해 봐요. 또 죽어 있는 나무줄기를 찾아 봐요. 분명 버섯이나 벌레가 많이 보일 거예요.

산

산에 올라가 본 적 있나요? 정상에 오른 기분은 정말 특별하죠. 숨 막힐 정도로 멋진 경치를 내려다보면 이런 생각이 들 수밖에 없어요.
'그래, 올라오길 잘했어!'

산에 오르거나 산간 지역에 있는 둘레길을 걷는 일은 좋은 나들이가 돼요. 산에서 사는 동물은 참 많아요. 보통 까마귀나 맹금류 같은 새를 가장 쉽게 만날 수 있겠지만 좀 더 자세히 살피면 예상치 못한 포유류도 볼 수

산이나 강, 바다를 탐험하러 가기 전에 <어린 산책자를 위한 도감 시리즈>를 꼭 읽어 보길 바라요.

있어요. 봄에 간다면 물론 꽃도 많이 보겠죠. 산에 있는 연못에서 어떤 동물이 헤엄치는지도 확인해 봐요.

산꼭대기에 가면 대개 식물이 없다는 사실은 알아차릴 수 있어요. 본래 그곳에 자리 잡고 있던 나무를 베어서 그럴 수도 있지만 산꼭대기는 추워서 식물이 잘 자라지 못해요. 고도가 높아질수록 기온은 떨어지고 바람은 더 세지죠. 그래서 높은 산에서 살아남는 생물은 매우 적어요.

해변과 바다, 그리고 섬

우리는 바닷가에 사는 동물들이 엄청 많다는 사실을 잊어버리곤 해요. 하지만 바닷가는 바다와 땅이 만나는 곳이라 바다에 사는 생물과 땅에 사는 생물을 모두 만날 수 있죠. 돌이 많은 바닷가라면 불가사리, 홍합, 게를 볼 수 있어요. 모래가 많은 바닷가에서는 젖은 모래 속에 사는 조개와 조개를 잡으려다 파도를 피해 날아가는 도요새를 볼 수 있고요. 땅 위에서 볼 수 있는 게 이 정도예요! 물안경을 쓰고 물갈퀴를 신으면 다른 물속 세상이 보이겠죠?

섬은 아주 특별한 장소예요. 바다로 둘러싸인 섬에 사는 많은 동물은 고립된 상태로 진화하며 새로운 종을 만들어 내거든요. 그래서 섬에는 다른 곳에 존재하지 않는 고유종이 많아요. 특히 바닷가에서 멀리 떨어진 외딴섬일수록 그렇죠. 섬에서는 중요한 해양 조류 군집도 볼 수 있어요.

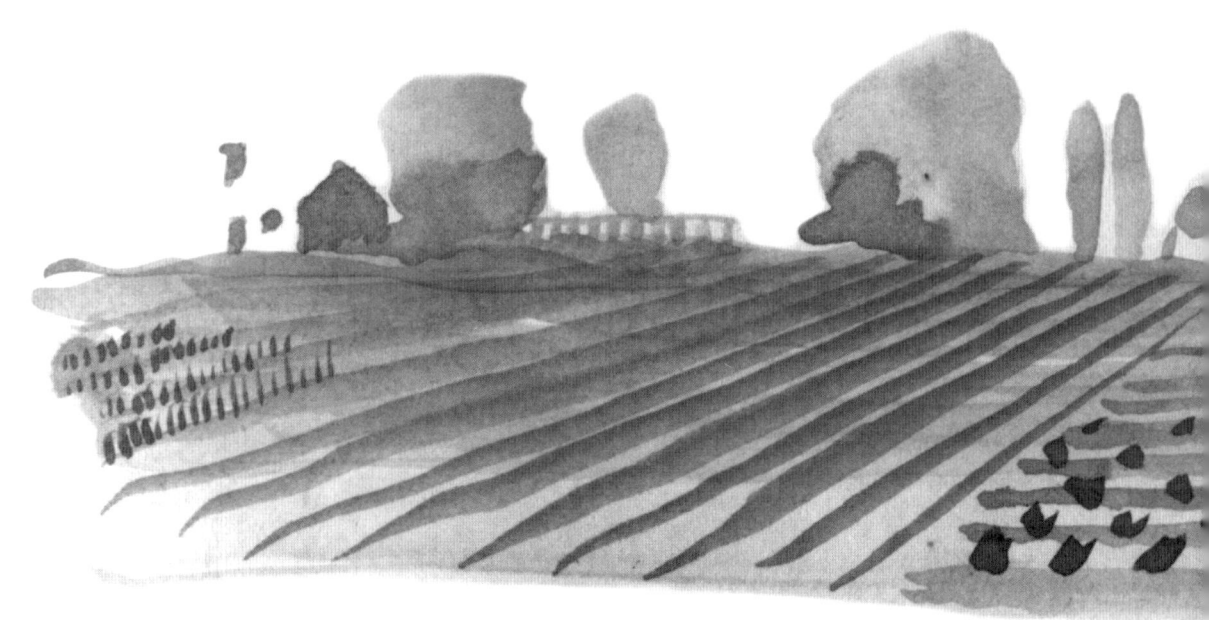

강, 강어귀, 호수

강, 강어귀, 호수, 갯벌, 늪 같은 습지대는 가장 많은 종의 동식물을 발견할 수 있는 곳이에요. 다른 곳보다 더 많은 새를 볼 수도 있지만(수천 마리가 있는 경우도 있어요.) 양서류도 아주 많아요. 운이 좋다면 수달이나 비버 같은 포유류를 볼 수 있을지도 몰라요. 당연히 물고기도 많아요. 하지만 관찰하기는 쉽지 않죠. 잠자리, 소금쟁이 같은 곤충도 흔하게 볼 수 있어요.

농경지와 목초지

사람들이 농사를 짓는 땅에 관심을 보이는 동물도 많아요. 사람들이 키우는 곡식, 채소, 과일 등 먹을거리를 얻을 수 있기 때문이죠. 따라서 동물들은 먹이를 찾거나 보금자리를 마련하는 장소로 농경지나 목초지를 골라요. 아니면 두더지처럼 굴을 파기 쉬워서 농사짓는 땅속에서 사는 동물도 있어요.

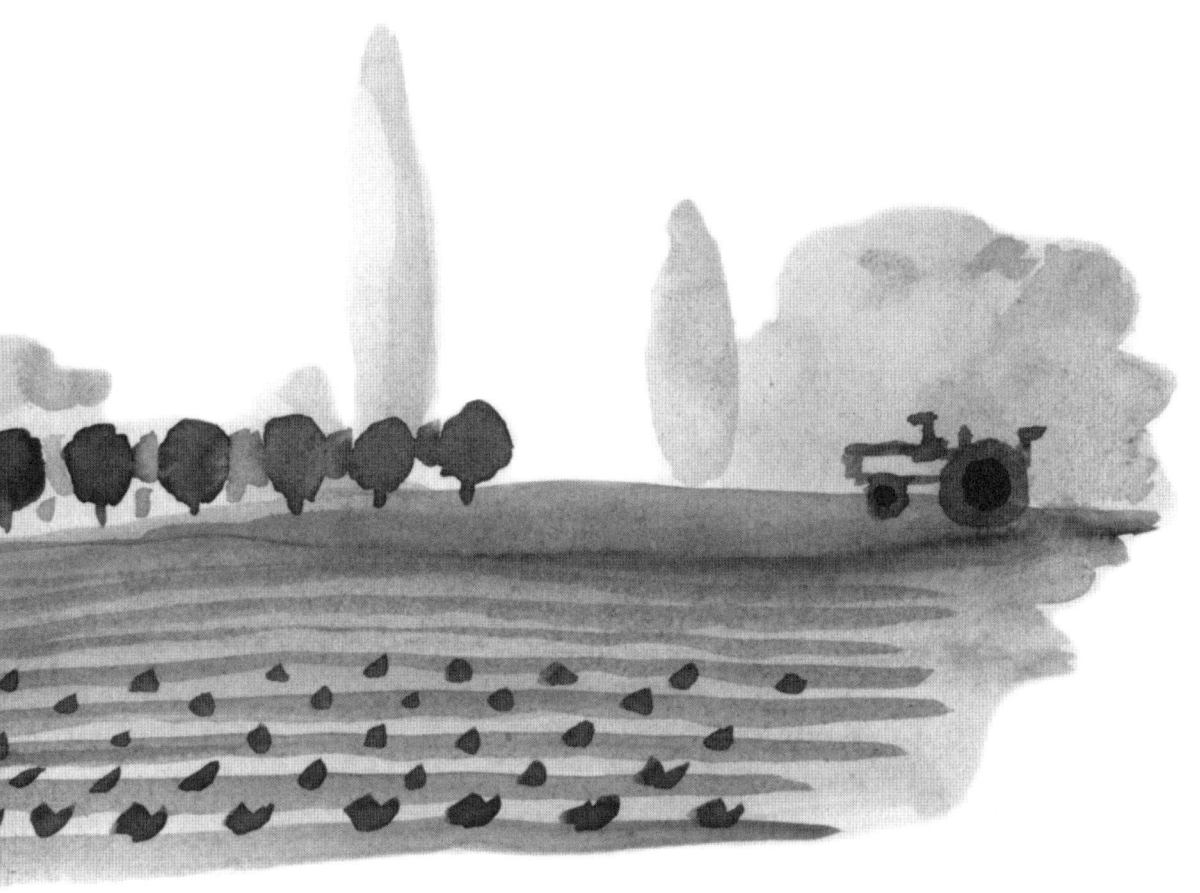

꼭 알아야 할 것

자연과 만나는 일은 굉장한 경험이지만 위험한 상황을 피하려면 꼭 알아야 할 점이 있어요.

다음 규칙을 반드시 지켜야 해요

도시 밖으로 갈 때는 항상 어른과 함께 가거나 허락을 받고 가요. 그리고 절대로 혼자 가지 마요. 누군가와 함께 가는 게 더 안전하답니다. 게다가 같이 가는 사람이 있다면 언제든 서로 질문하고 답하면서 아는 사실을 알려 줄 수 있어 좋죠!

날씨가 좋은 날을 골라요. 비를 맞으며 걷고 싶거나 머리카락을 휘날리는 바람을 느끼고 싶을 때도 있어요. 하지만 비바람이 몰아치거나 특히 폭풍우가 치는 날에는 나가지 않는 편이 좋아요. 편하고 아늑한 집 안에서도 언제든 번개 치는 걸 감상할 수 있으니까요.

밤에 별을 보거나 개구리, 부엉이가 우는 소리를 들으러 나간다면 길을 잃거나 무언가에 걸려 넘어질 수 있어요. **밤에 나갈 때는 항상 손전등과 겉옷을 가져가요.**

가는 길에 주의를 기울여요. 특히 숲을 지나간다면 기준이 될 만한 지점이 없어서 갑자기 주변이 다 똑같아 보일 수 있어요. 나침반을 가져가요. 되돌아가는 길을 안내해 줄 거예요.

바다나 호수, 강으로 탐험을 나간다면 물에 너무 가까이 가지 마요. 악어가 나타나지는 않겠지만 파도나 미끄러운 돌 때문에 넘어질 수 있으니까요.

주의 사항
- 동물이 사는 둥지나 굴은 건드리지 마요.
- 바닥이나 강에 쓰레기를 버리지 마요.
- 쓰러진 식물을 세운다고 위로 잡아당기면 안 돼요.

- 돌을 들어 올리지 마요. 돌을 은신처 삼아 그 밑에 숨어 있는 동물이 있을지도 몰라요.
- 동물을 관찰하고 싶다면 조용히 해요. 큰 소리를 내면 동물들이 겁을 먹을 수 있어요.

무엇을 가져갈까?

밖에 나갔는데 춥거나 배고프거나 불편하면 안 되겠죠?
밖으로 나가기 전에 다음과 같은 소지품을 꼭 챙겨요.

어두워질 때 나간다면 **손전등**을 챙겨요.

모자를 쓰고 **자외선 차단제**를 자주 발라요. 농촌으로 간다고 해도 해변에서 보내는 낮만큼이나 햇볕을 받을 수 있답니다!

바위 사이에 있는 웅덩이 같이 젖은 곳이 많은 장소에 간다면 고무창이 달린 **장화**를 신어요.

GPS 수신기나 **나침반**을 가져가요. 출발하기 전에 사용법을 익혀야 해요!

날아다니는 새나 멀리 있는 동물을 관찰할 때 필요한 **쌍안경**을 준비해요.

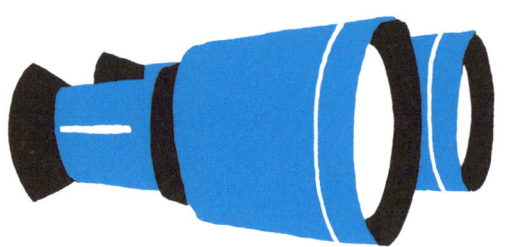

발견한 생물에 관해 쓰거나 그릴 수 있는 **필기도구**가 필요해요.

편안한 **운동화**를 신어요. 물론 여러 번 신어서 발이 편한 신발이어야 해요.

겉옷을 챙겨요. 나갈 때는 춥지 않더라도 날이 저물면서 바람이 세게 불 수 있어요.

보온병 또는 **물병**과 **도시락**이 있으면 좋아요.

동물과 식물, 암석의 종류별 이름과 그림, 상세 정보 등 도움이 되는 내용이 담긴 **책**을 가져가요. 밤에 관찰하러 나간다면 별자리 책도 큰 도움이 돼요. 물론 이 책을 가져가도 좋겠죠!

그늘에
앉자
나무

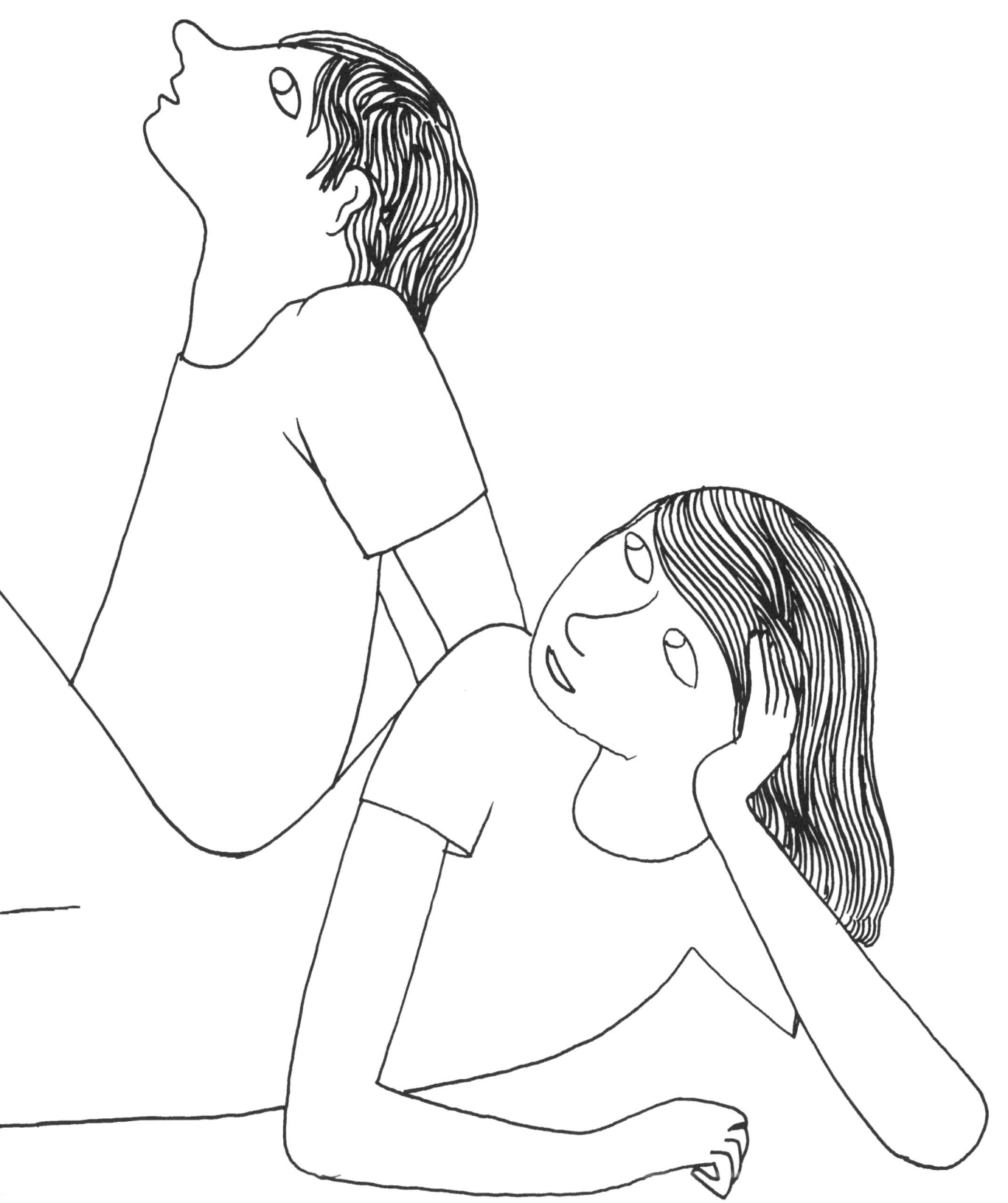

더운 날 나무 아래에 누우면 그늘이 주는 평화와 고요함을 즐기면서 가만히 있고 싶어져요.

    하지만 주변에서 나는 소리를 주의 깊게 들어 보면 혼자가 아니라는 걸 바로 알 수 있어요. 나무는 많은 동물의 집이자 먹이를 구하는 장소이며, 때로는 숨고 달리고 오르는 놀이터가 되기도 해요.

'그늘에서 일어나 나도 나무에 올라 볼까?'라는 생각이 들지 않나요?

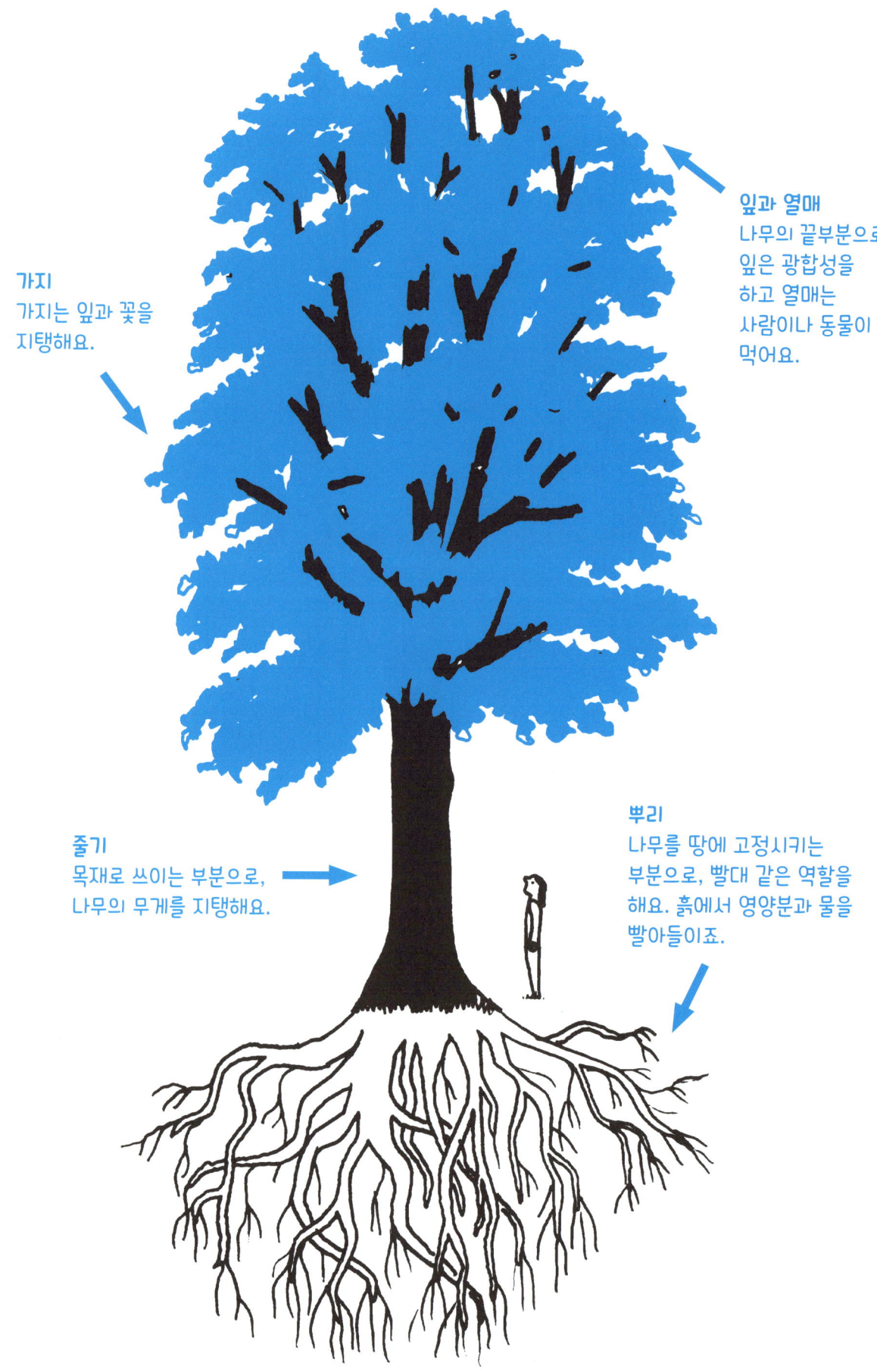

나무는 무엇인가요?

나무는 식물계에 속하는 생물이에요. 뿌리, 줄기, 가지, 잎과 열매로 이루어진 식물이죠. 나무는 다른 식물보다 매우 크게 자라요!

나무는 어떻게 쓰러지지 않고 높이 자랄 수 있나요?

흙을 움켜쥐는 뿌리, 가지와 잎의 무게를 버티는 튼튼한 줄기가 있기 때문이에요. 뿌리와 줄기가 없다면 나무도 다른 식물처럼 땅 위에 낮게, 옆으로 자랄 거예요.

교목과 관목의 차이는 무엇인가요?

교목은 굵은 줄기 하나에 가지가 많이 달려 있지만 관목은 땅속에서부터 줄기가 여러 개 자라요. 전문가들은 다 자란 교목은 높이가 적어도 3미터라고 해요.

세계에서 가장 큰 나무는 무엇일까요? '세쿼이아' 또는 '레드우드'라고 하는 나무로, 115미터까지 자라요. 38층 건물과 비슷한 높이죠! 세쿼이아는 매우 크고, 지구상에서 오래 산 생물 중 하나이기도 해요. 4000년 넘게 산 세쿼이아도 있어요.

나무는 어떻게 자라나요?

나무는 두 가지 방향으로 자라요. 위로 커지고 옆으로 굵어져요. 나무의 성장은 분열 세포라는 매우 활발한 세포의 활약으로 이루어져요. 이 세포들은 계속 늘어나며 나무에 필요한 나무껍질, 꽃, 열매 등 모든 종류의 세포를 만들어요.

줄기 안에는 뭐가 있나요?

줄기 안에는 ❶ **부름켜**라고 하는 매우 얇은 세포층이 있어요. 부름켜는 나무를 자라게 해요. 부름켜 안쪽에는 ❷ **물관부**가 있고, 바깥쪽에는 ❸ **체관부**와 ❹ **나무껍질** 또는 **코르크**가 있죠.

부름켜는 줄기를 감싸는 새로운 세포층을 매년 만들어요.

물관부와 체관부는 무슨 일을 하나요?

높은 건물에서는 엘리베이터를 이용해서 필요한 물건을 오르락내리락 옮겨요. 물관부와 체관부는 나무의 엘리베이터 역할을 해요.

- 물관부는 땅 속에 있는 물과 무기양분을 뿌리에서 잎까지 운반해요.
- 체관부는 잎의 광합성으로 만든 유기양분을 나무의 모든 부분으로 보내요.

자른 줄기에서 볼 수 있는 연하거나 짙은 원은 무엇인가요?

나무가 자라면서 생긴 층이에요. '나이테'라고 부르죠. 연한 나이테는 봄과 여름에 생긴 것으로 '춘재'라고 해요. 가을과 겨울에 생긴 짙은 나이테는 '추재'라고 하고요. 열대기후처럼 계절이 뚜렷하지 않은 지역에서 자라는 나무의 나이테는 알아보기가 어려워요.

뿌리는 무슨 일을 하나요?

모든 나무는 뿌리가 있고, 모든 뿌리는 같은 역할을 해요. 바로 나무를 땅에 단단히 고정시키고 물과 영양분을 흡수해 나무에 전달하는 일이죠.

어떤 나무는 뿌리가 자라고 또 자라서 땅속으로 깊이 내려가요. 유칼립투스는 본래 아주 건조한 곳에서 자라는 나무여서 어디에 있든 물을 찾아 뿌리를 깊게 내려요.

물을 찾으려고 애쓰지 않아도 되는 나무도 있어요. 포플러, 목련, 물푸레나무의 뿌리는 땅 표면 가까이에 자라죠.

●
식물원에 가서 멋진 나무를 찾아요!

- - - - - - - - - - - - - - - - - -

우리나라에도 식물원이 많이 있어요. 그곳에 가면 전 세계에서 온 매우 다양한 나무를 관찰할 수 있답니다.

특별한 뿌리

뿌리는 대부분 땅속뿌리예요. 다시 말해 땅속에서 자란다는 뜻이죠. 하지만 모든 뿌리가 그런 건 아니에요.

공기뿌리

무화과나무는 벽에서도 자라고, 심지어 다른 나무 위에서도 자랄 수 있어요. 공기뿌리 덕분에 가능한 일이에요. 공기뿌리는 나무줄기에서 나와 땅까지 자라요. 그리고 땅에 있는 물과 영양분을 빨아들여요.

호흡뿌리

열대지방 같은 더운 지역에서 자라는 맹그로브처럼 소금물이 많은 곳에 사는 나무는 특별한 뿌리가 있어요. 이런 나무는 물속에 있는 땅에 뿌리를 내리기 때문에 필요한 산소를 얻을 수 없어요. 그래서 연필처럼 생기고 작은 구멍이 많은 다공성 뿌리를 만들어 수면 위로 올라갈 때까지 자랄 수 있는 산소를 얻어요. 참 놀라운 재주죠!

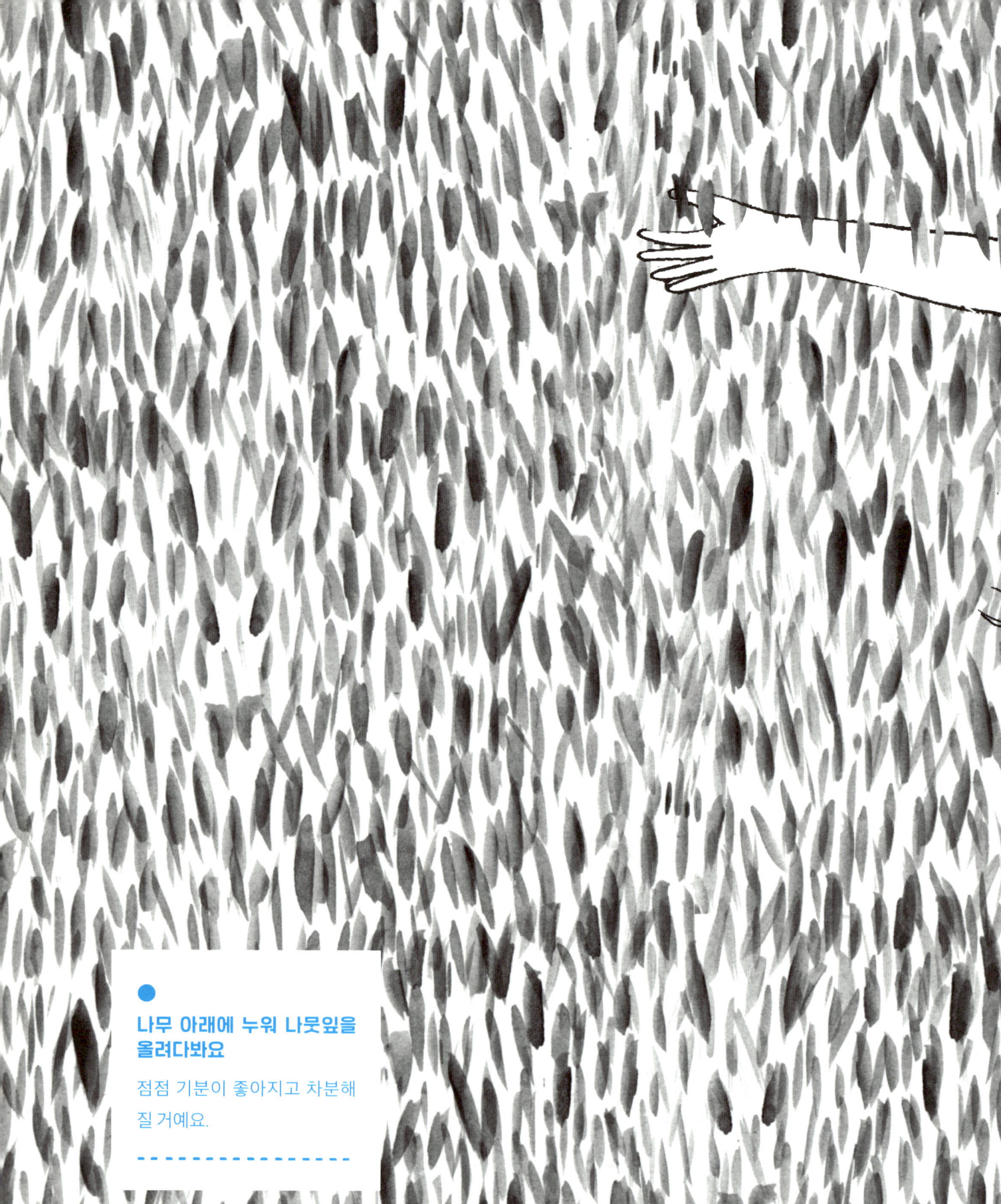

나무를 구분해요

모든 나무는 높이, 색, 가지의 모양, 잎이나 열매의 종류 등 각각의 특성이 있어요. 모든 특성은 나무를 분류하고 구별하는 데 사용돼요.

먼저 잎을 관찰해요

나무를 구분하려면 가장 먼저 잎을 살펴봐야 해요. 잎의 모양이나 색깔로 침엽수인지 활엽수인지 구별할 수 있어요.

소나무, 전나무, 삼나무, 주목 등은 침엽수예요. 바늘같이 뾰족한 잎이나 비늘처럼 겹겹이 포개지는 잎이 있죠. 잎의 색은 늘 초록색이고 겨울에도 가지에 매달려 있어요. 소나무 같은 침엽수는 송진을 만들어요. 송진은 곤충이나 균류의 공격을 막아 줘요.

떡갈나무와 너도밤나무는 활엽수예요. 둘 다 잎이 넓고 추운 계절에는 잎이 떨어져요.

잎을 주우면 넓은지 좁은지, 딱딱한지 부드러운지, 그리고 겨울에도 여전히 녹색인지 살펴봐요. 어떤 나무인지 알 수 있나요?

나무 모양 모빌을 만들어요

마른 잔가지와 실을 이용해 틀을 만들어요. 그런 다음 여러 장식을 걸면 완성이에요. 나무 아래에서 쉽게 주울 수 있는 진짜 잎이나 나비, 새, 다람쥐, 둥지, 꽃, 열매 등을 직접 그려서 활용해도 좋아요.

왜 나뭇잎은 서로 다르게 생겼을까요?

모든 잎은 햇빛을 받아 광합성을 해요. 하지만 나무가 처음 자란 곳의 날씨와 환경에 맞춰 적응했기 때문에 종류에 따라 모양과 특징이 달라요.

먼저 소나무에 관해 알아볼까요? 춥고 건조한 날씨에 적응한 소나무는 잎이 가늘고 단단해서 쉽게 부러지지 않고 물이 빠르게 증발하지 않아요. 하지만 박태기나무나 포플러, 뽕나무, 보리수 등 따뜻한 기후에 사는 나무는 잎이 넓어서 물을 많이 증발시킬 수 있어요.

잎은 당을 만드는 놀라운 공장!

모든 생물은 에너지가 필요해요. 동물이 식물이나 다른 동물을 먹어 에너지를 얻는 것처럼 나무는 잎의 광합성을 통해 에너지인 당을 얻어요. 나무는 물, 이산화탄소, 햇빛을 이용해 당을 만들죠.
우리에게 가장 좋은 소식은 나무가 당을 만들면서 산소를 내보낸다는 사실이에요. 우리가 사는 데 꼭 필요한 산소 말이에요!

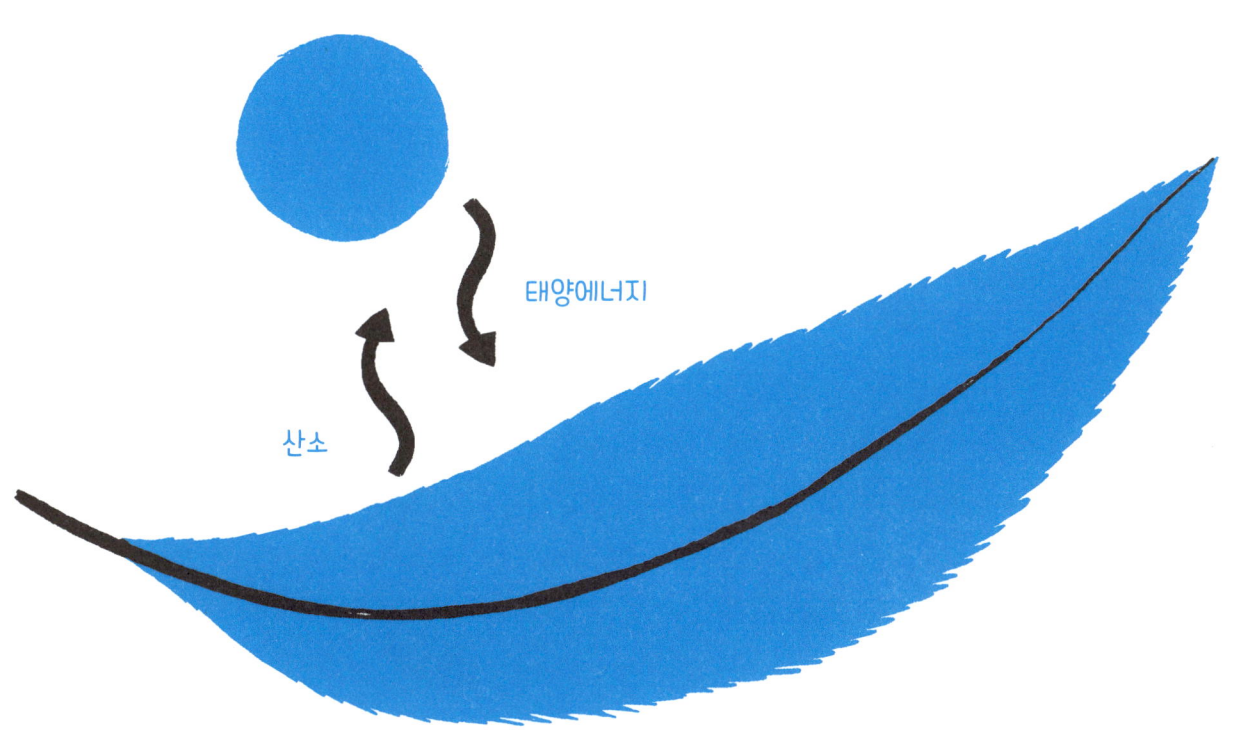

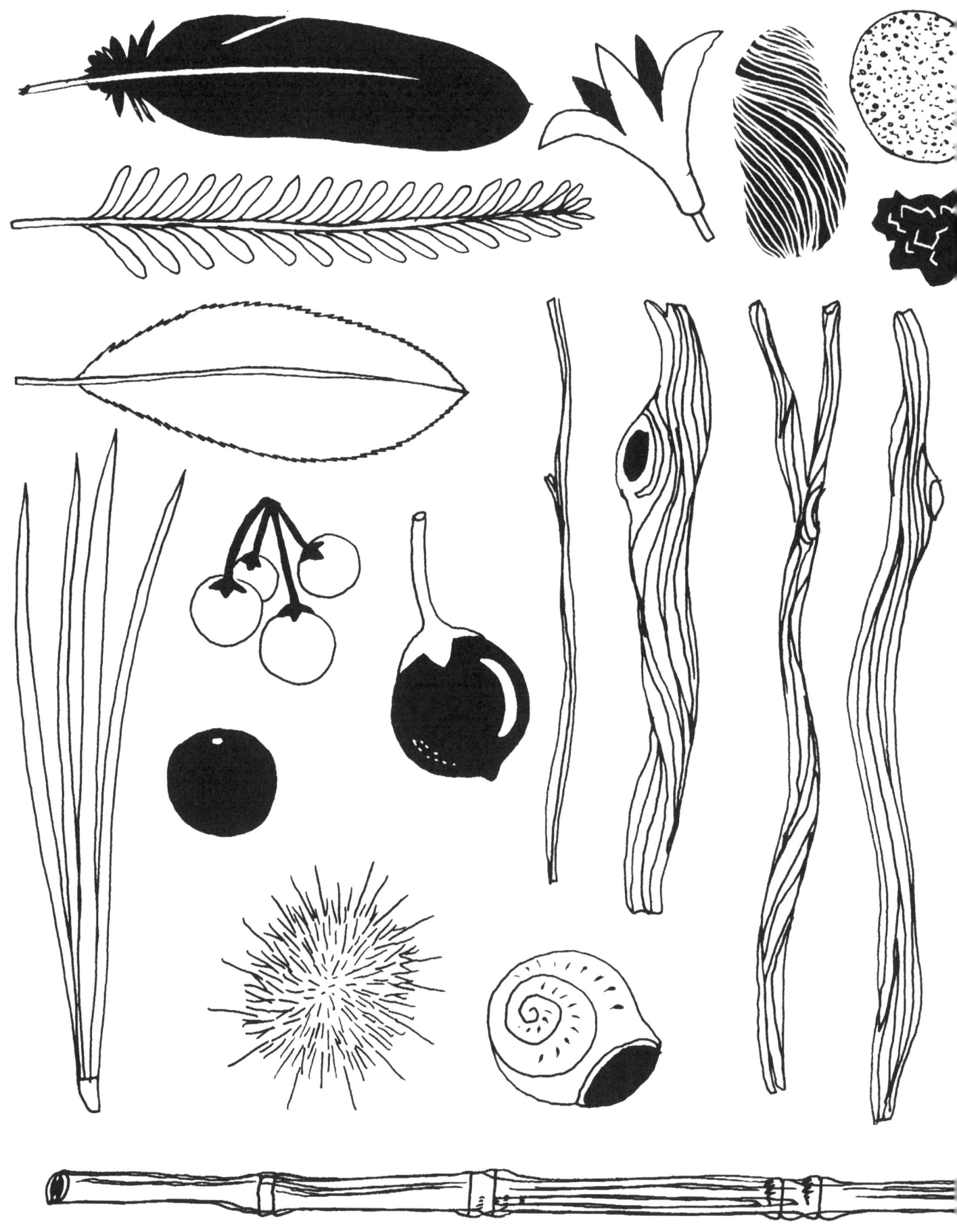

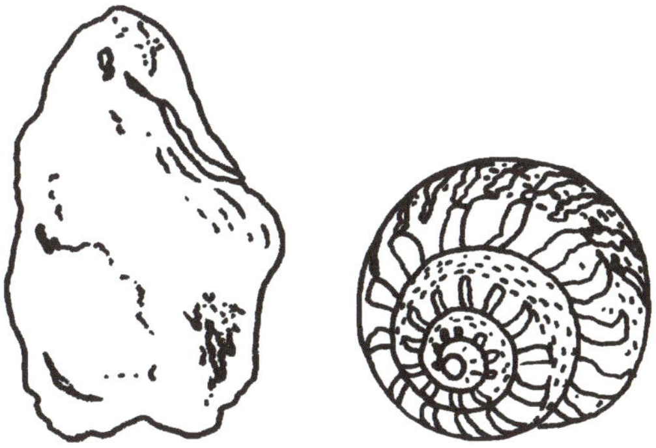

● **자연에서 얻은 재료로 조각품을 만들어요**

- - - - - - - - - - - - - - - -

나뭇가지, 잎, 돌, 흙 등 자연에서 다양한 재료를 얻을 수 있어요. 리처드 롱, 로버트 스미스슨, 알베르토 카르네이루, 패트릭 도허티, 미카엘 한센 등 자연에서 얻은 소품을 활용한 예술가들의 작품도 찾아봐요.

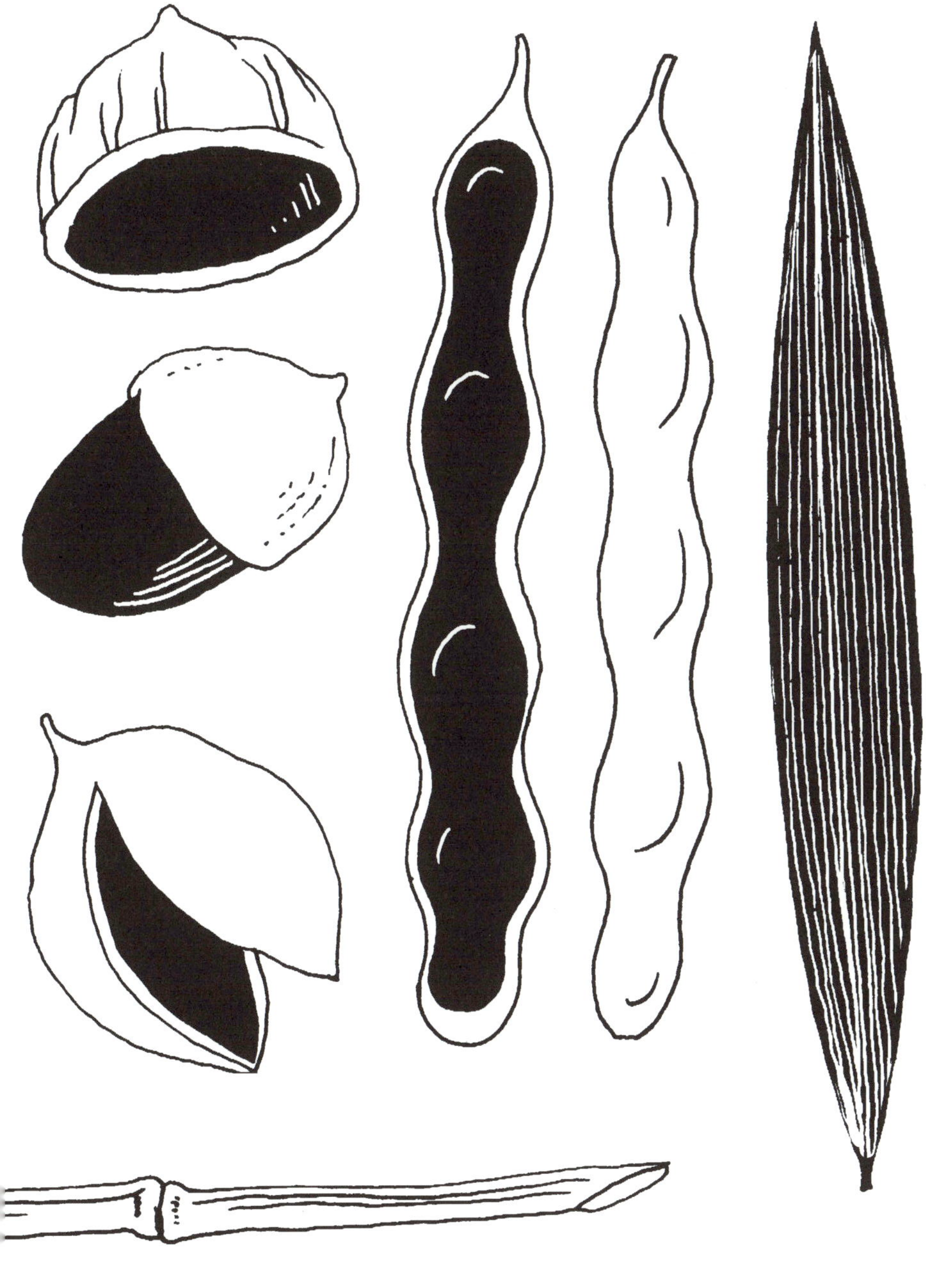

- - - - - - - - - - - - - - - -

왜 잎이 지는 나무도 있고, 사계절 푸른 나무도 있나요?

나뭇잎은 예민해서 오랫동안 추운 날씨가 계속되면 얼어 죽어요. 잎이 죽으면 나무도 죽고요. 하지만 이를 해결하는 방법이 있어요. 어떤 나무는 날씨가 너무 추워지기 전에 일부러 잎을 떨어뜨려요. 따뜻해지면 다시 잎이 나오게 하고요. 얼어 버린 나뭇잎을 계속 대체하지 않아도 되니까 에너지를 아낄 수 있어요. 소나무 같은 나무는 낮은 기온에도 견딜 수 있는 잎을 만들어요.

나무는 계절의 변화를 어떻게 받아들이나요?

모든 나무가 가을에 잎을 떨어뜨리는 건 아니예요. 나뭇잎이 빨갛게 변하는 나무도 있고, 계속 초록색인 나무도 있어요.

잎이 떨어지지 않는 나무를 '상록수'라고 해요.
물론 상록수 잎도 떨어지기는 해요. 하지만 한 번에 몇 개 정도가 떨어질 뿐이지, 특정 계절에 우수수 떨어지지는 않죠. 우리가 눈치채지 못할 뿐 늘 새잎이 나요. 상록수에는 소나무, 월계수, 텍사스라이브참나무, 스크러브참나무 등이 있어요.

가을에 잎이 떨어지면 그 나무는 '낙엽수'예요.
단풍나무와 로부르참나무 등이 낙엽수예요.

겨울이 되어도 붉은색 잎이 떨어지지 않는 나무가 있어요.
북부적참나무는 다음 해 봄이 되어 새잎이 날 때만 잎이 떨어져요.

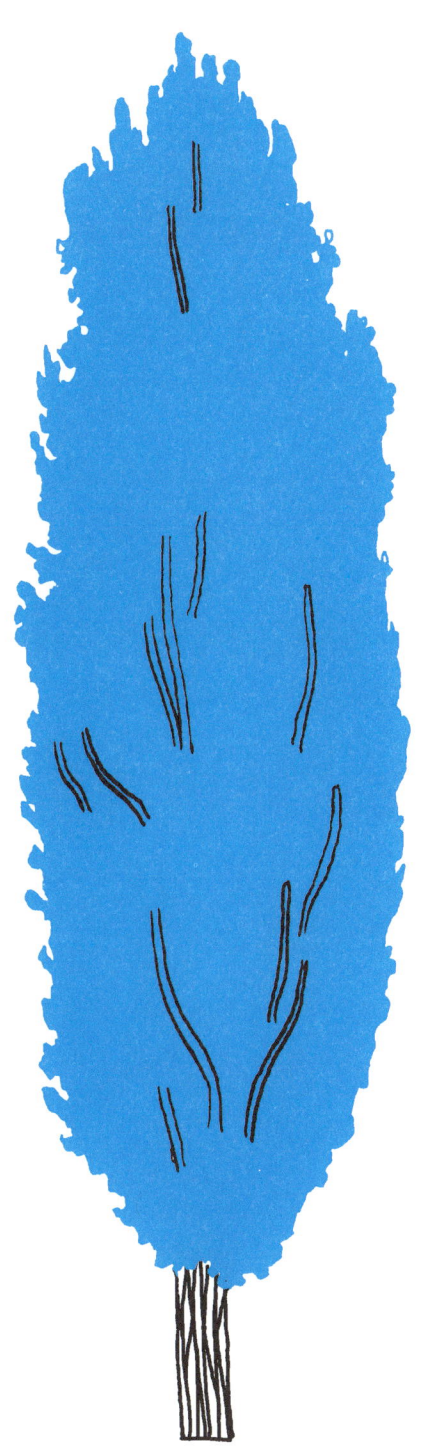

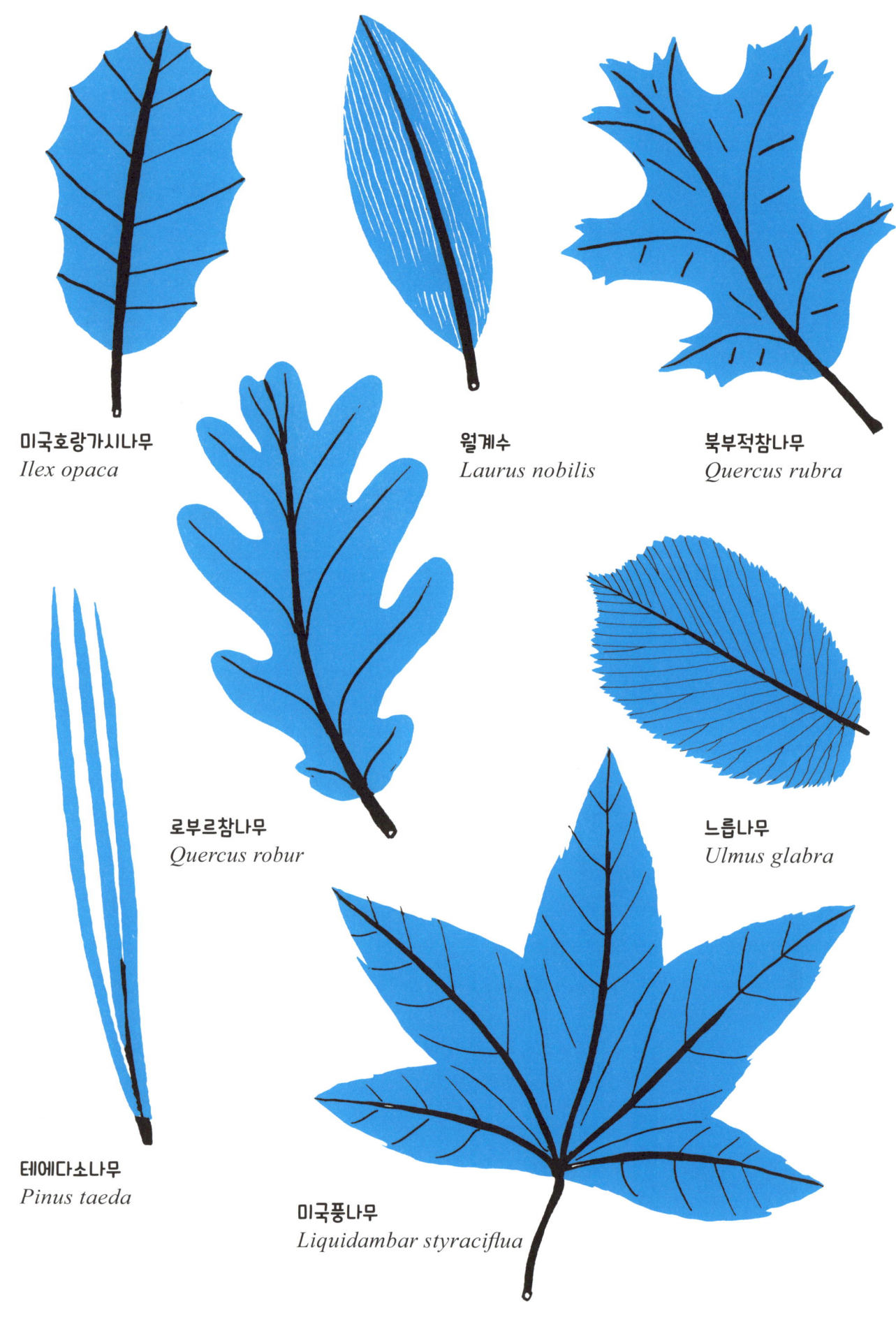

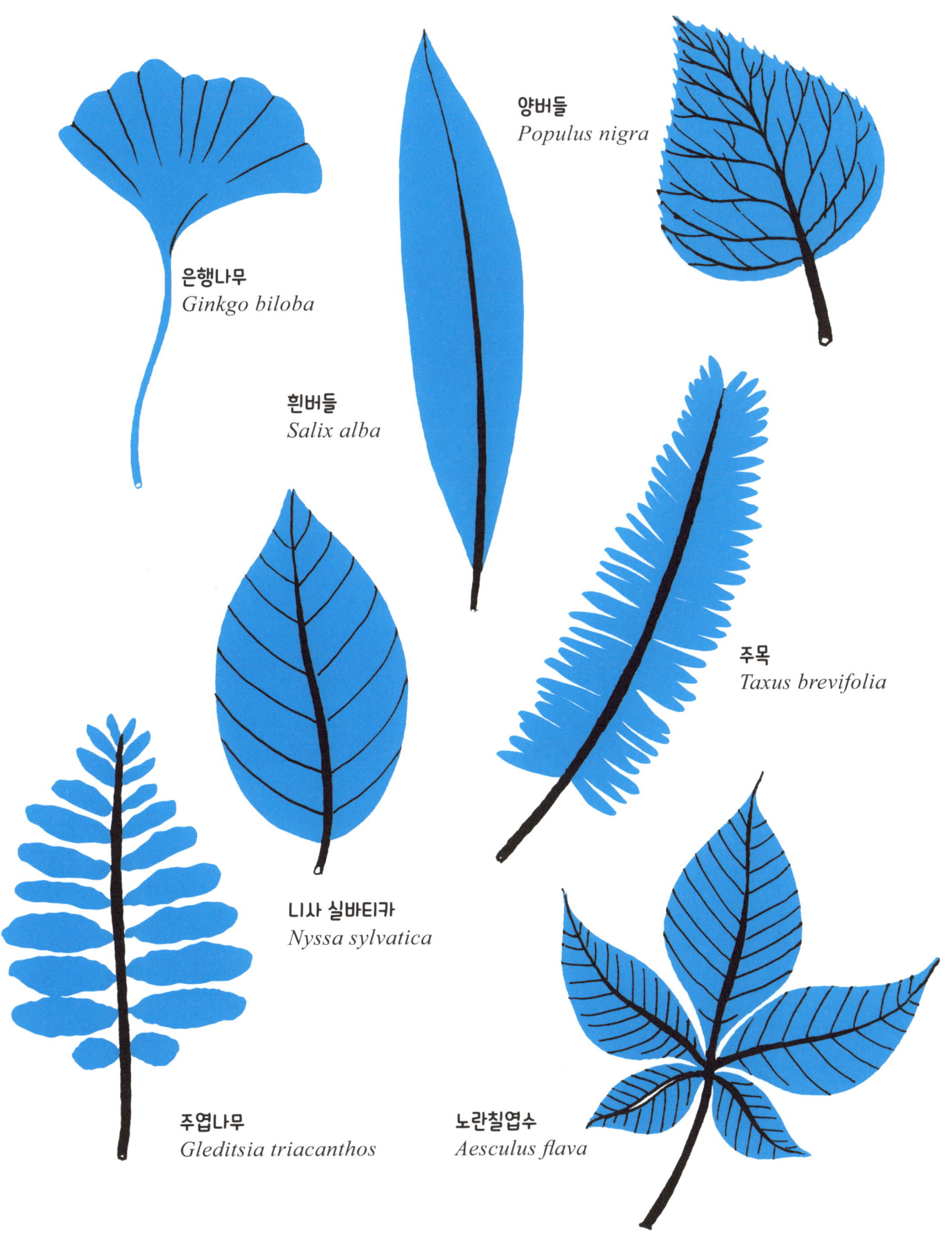

나무는 모두 씨앗이 있나요?

나무는 모두 씨가 있어요. 하지만 비슷한 모양의 열매 속에 씨앗이 들어 있는 건 아니에요.

어떤 나무는 맛있는 과일 열매 속에 씨가 있어요. 배나무, 당귤나무, 무화과나무처럼요. 더 딱딱한 열매 속에 씨가 있는 나무도 있어요. 호두나무, 아몬드, 텍사스라이브참나무, 스크러브참나무 등이 그렇죠.

사람은 먹지 않지만 동물들이 즐겨 먹는 열매에 씨가 들어 있기도 해요. 유향나무나 산사나무, 월계수 같은 나무의 열매가 해당돼요. 씨가 겉으로 드러나 있는 나무도 있어요. 소나무나 전나무의 솔방울이 적절한 예죠.

나뭇가지로 글자 쓰기

나뭇가지, 돌멩이 등 자연에서 구할 수 있는 재료로 글자를 만들어 봐요. 그리고 사진을 찍어 두어요. 금방 사라질 수도 있으니까요.

호두나무 잎과 열매
Juglans regia

코르크참나무 잎과 열매
Quercus suber

아몬드 잎과 열매
Prunus dulcis

은행나무 수꽃과 잎
Ginkgo biloba

새는 왜 나무 위에 둥지를 짓나요?

나무는 새뿐만 아니라 다른 동물에게도 훌륭한 집이에요. 나무는 높아서 천적이 쉽게 올라올 수 없어요. 게다가 나뭇잎이 둥지를 가려 줘서 햇빛과 비를 피할 수 있죠. 나무는 다른 역할도 해요. 바로 새들이 좋아하는 열매와 벌레가 많은 '음식점'이에요.

여자예요, 남자예요?

나무도 암수 구별이 가능하다는 걸 알고 있나요? 암생식기관과 수생식기관이 같이 있는 나무가 있다는 것도요? 다 사실이에요. 암생식기관이 있는 나무와 수생식기관이 있는 나무가 따로 있는 종은 '암수딴그루'라고 해요. 주목, 은백양, 은행나무처럼요. 같은 나무에, 그러나 다른 가지에 각각 암생식기관과 수생식기관이 있으면 '암수한그루'라고 해요. 코르크참나무와 소나무가 여기에 해당해요.

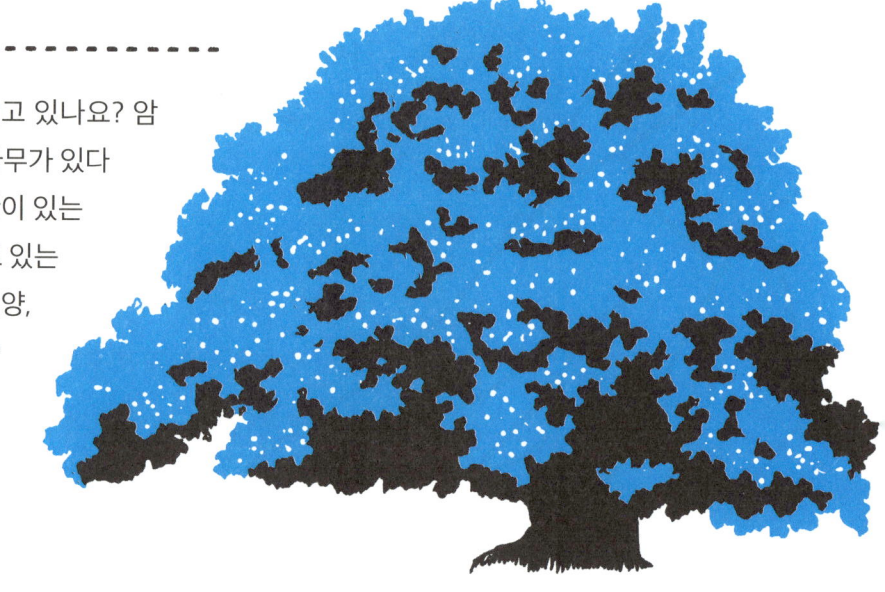

특별한 코르크참나무

코르크참나무는 북서 아프리카와 남서 유럽, 특히 스페인과 포르투갈에서 자라는 매우 특별한 나무예요. 스페인과 포르투갈은 코르크를 많이 생산하는 나라죠.

코르크가 뭐예요?

코르크는 코르크참나무 껍질이에요. 주로 병마개를 만들지만 가방, 건물용 단열재 등으로도 쓰여요. 하지만 병마개로 만들어 쓰라고 코르크참나무가 코르크를 만드는 건 아니에요.

코르크는 어떤 역할을 해요?

코르크참나무는 여름에 매우 덥고 불이 자주 나는 곳에서 자라요. 코르크는 불과 같은 위험으로부터 나무를 보호해요. 불이 코르크참나무를 다 태워도 코르크가 나무속을 보호해 다시 자랄 수 있거든요.

사람들은 코르크참나무를 죽이지 않고 계속 자라게 두면서도 코르크를 얻을 수 있는 방법을 찾아냈어요.

코르크참나무에는 왜 숫자가 쓰여 있나요?

코르크참나무의 나무껍질에는 숫자가 쓰여 있어요. 이 숫자는 언제 코르크를 벗겨도 되는지 알려 주는 숫자예요. 코르크는 해마다 벗기는 게 아니라 9~10년에 한 번 벗겨야 하거든요.

　코르크 생산자들 사이에는 일종의 규칙이 있어요. 코르크를 벗긴 뒤 그해 연도의 마지막 숫자를 나무에 써요. 예를 들어, 2014년에 코르크를 벗겼다면 4를 쓰는 거죠. 2015년에 벗겼으면 5라고 쓰고요. 코르크는 9~10년에 한번 벗겨야 하니까 나무에 숫자 4가 쓰여 있다면 2023년이나 2024년에 벗겨야겠죠?

코르크가 우주에도 갔다는 사실을 알고 있나요?

미국항공우주국(NASA)의 우주탐사에도 코르크가 사용됐어요. 코르크는 불에 잘 타지 않고 소리를 막아 주는 방음 기능도 뛰어나기 때문이죠. 만약 방 전체를 코르크로 감싼다면 밖에 있는 사람은 방 안에서 무슨 일이 일어나는지 듣지 못할 거예요.

보호수를 보러 가요!

보호수는 같은 종류의 나무 사이에서도 크기, 모양, 나이, 희귀성이나 역사적 사실 때문에 보존 가치가 있는 나무예요. 공공의 이익을 대변하는 상징으로 여겨져서 천연기념물 대접을 받기도 해요. 여러분이 사는 지역에 어떤 보호수가 있는지 한번 찾아봐요.

그네를 만들어 구름까지 올라요

재미있게 그네를 타려면 여러분도 안전하고 나무도 아프지 않아야 해요. 여러분과 나무 모두를 위한 몇 가지 조언이에요.

- 로부르참나무, 너도밤나무, 단풍나무같이 단단한 나무를 골라요.
- 땅에서 6미터 정도 위에 있고 지름이 20센티미터 이상이며 그네를 설치했을 때 구부러지지 않을 만큼 굵고 긴 가지를 골라요.
- 그네는 나무줄기에서 1~1.5미터 정도 떨어져 있어야 해요.
- 건강한 가지를 골라야 해요. 병 또는 감염이 의심되거나, 갈라진 흔적이 보이거나, 줄기와 이어진 부분이 좁은 가지는 피해요. 죽은 가지는 부러질 수 있으니 절대로 그네를 설치하면 안 돼요.

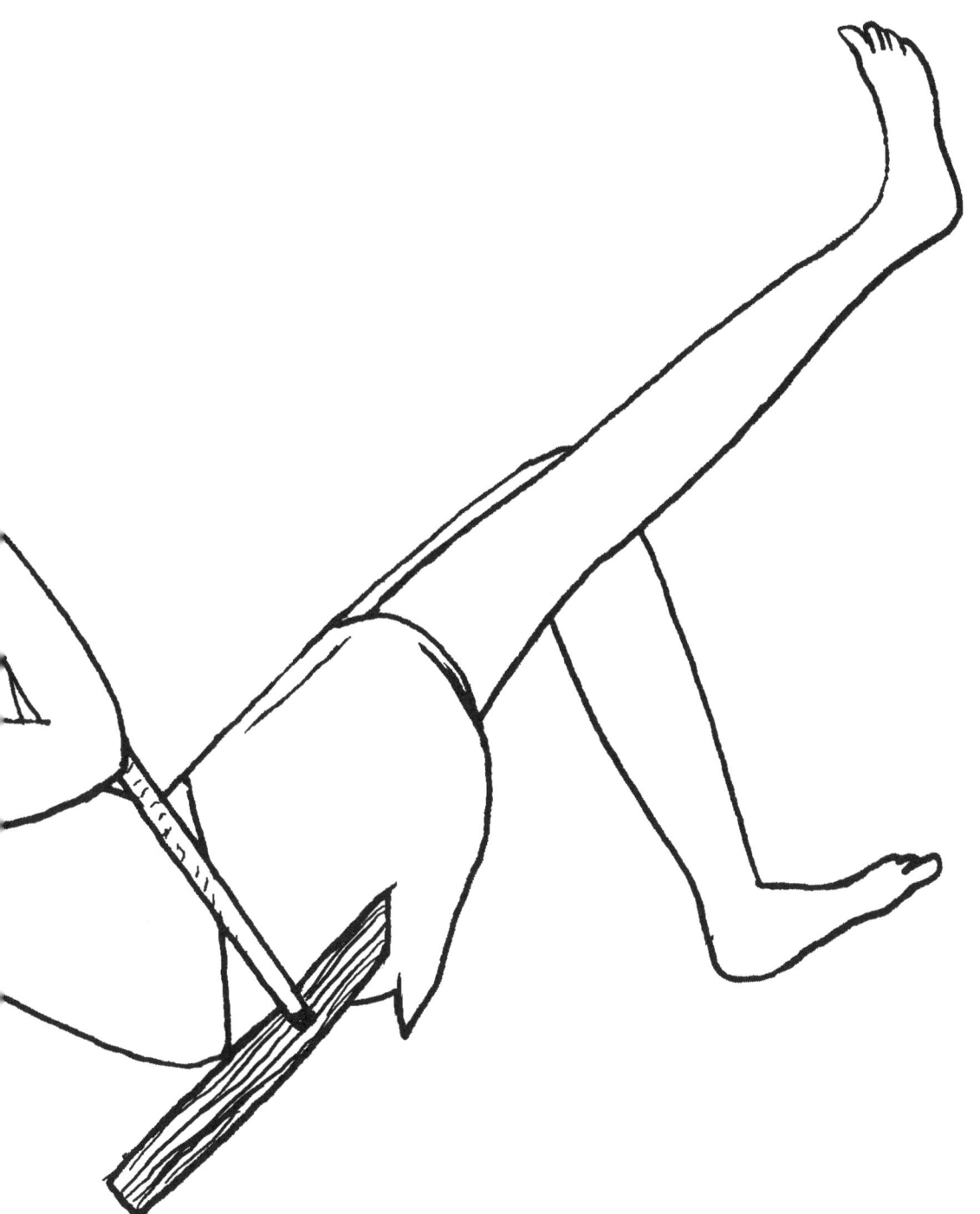

자연에 있는 모든 생물은 쓸모가 있을까요? 꽃을 보면 참 예뻐요. 하지만 꽃이 식물의 '예쁨'만 담당하는 건 아니에요. 식물의 삶에 중요한 역할을 하죠. 어떤 역할일까요?

아름다운 색, 좋은 향기, 윙윙거리는 소리의 세계에 빠져 볼까요?

꽃은 어디에 있나요?

장미, 카네이션, 튤립, 백합, 수국같이 아름다운 꽃은 다들 잘 알 거예요. 하지만 모든 꽃이 크고 화려하지는 않아요. 아주 작고 눈에 띄지 않아서 돋보기의 도움을 받아야 볼 수 있는 꽃도 있어요. 심은 사람은 없는데 마당이나 텃밭, 보도블록 틈에서 자라는 꽃도 있죠.

꽃밭이나 **정원**에는 본래 그 지역에 살지 않았던 꽃이 있기도 해요. 사람들은 단순히 예쁘다는 이유로 장미, 팬지, 히비스커스, 달리아 등을 세계 곳곳에 심었어요.

텃밭에는 호박꽃, 수박꽃, 멜론꽃, 오이꽃 등이 피어요. 양파, 당근, 패션 프루트도 꽃을 피우죠. 이 세 가지 식물의 꽃은 암수한몸이어서 꽃 하나에 암술과 수술이 다 있어요.

예상치 못한 곳에서도 꽃은 자라요. 도시에 산다면 보도블록 틈 사이로 작은 식물이 자라는 걸 발견할 수 있어요. 보통 잡초라고 부르는데 꽃을 피우기도 하죠.

건물 벽이나 **지붕 위**에도 흰꽃세덤, 배꼽풀, 덩굴해란초 같은 꽃이 피기도 해요.

달리아

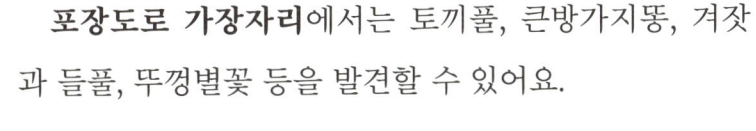

포장도로 가장자리에서는 토끼풀, 큰방가지똥, 겨잣과 들풀, 뚜껑별꽃 등을 발견할 수 있어요.

흙이 좀 더 있는 곳이라면 점박이노랑사랑초, 흰무늬엉겅퀴, 민들레, 코니시당아욱, 유럽쥐손이, 데이지, 양귀비도 볼 수 있어요.

도시 밖으로 나가면 물푸레나무, 칼루나, 로즈메리, 프렌치라벤더 등 꽃이 피는 덤불이 있어요.

친환경적인 보도블록이라고요?

- -

보도블록 틈 사이를 비집고 자란 풀을 보면서 '이렇게 좁은 공간에서도 풀이 자라네?'라고 생각한 적이 있나요? 하지만 이 좁은 공간에 있는 흙을 다 모은다면 정말 많을걸요! 식물과 벌레가 많이 살기도 하고요. 보도블럭 틈새에 있는 흙이 중요한 이유는 흙 사이로 물이 빠지기 때문이에요. 흙이 없다면 비가 와도 물이 갈 데가 없어 흘러 넘치겠죠.

- -

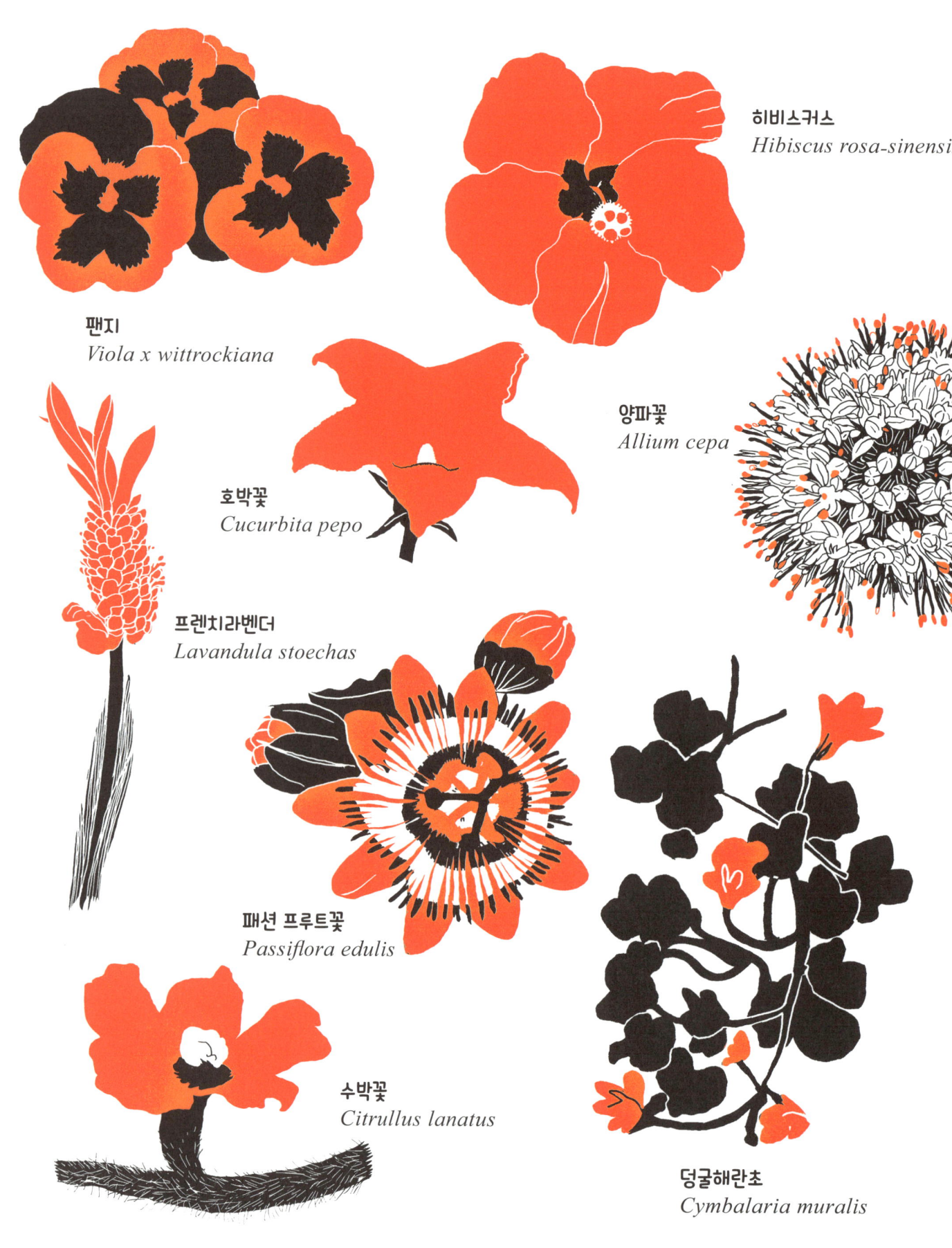

꽃은 어떤 역할을 하나요?

꽃은 식물의 번식을 위해 존재해요. 새로운 식물이 자랄 수 있게 돕는 역할을 하죠.

꽃은 어떻게 세상에 나타났나요?
꽃은 잎이 변해서 생겼어요. 수백만 년 전 꽃이 없었을 때, 몇몇 식물은 아주 천천히 잎을 변화시켰고 결국 오늘날 우리가 아는 꽃이 되었죠.

꽃은 왜 향기가 좋은가요?
사람들은 꽃향기를 참 좋아하죠. 하지만 꽃이 끌어들이려는 것은 우리가 아니에요. 꽃은 주로 곤충을 끌어들여 자기 꽃가루를 같은 종의 다른 꽃에 묻혀 '꽃가루받이'가 일어나도록 하죠.

꽃가루받이가 뭐예요?
꽃가루를 수술에서 암술로 옮기는 일이에요. 이렇게 꽃가루가 옮겨지면 씨앗, 즉 아기 식물이 생겨요.

꽃 한 송이 안에서나 또는 같은 식물의 줄기에서 난 두 꽃 사이에서 꽃가루가 옮겨지면 '제꽃가루받이'라고 해요. 다른 식물의 꽃으로 꽃가루가 이동하면 '딴꽃가루받이'라고 하죠. 제꽃가루받이보다 더 흔하게 이루어져요. 딴꽃가루받이가 일어나려면 곤충이나 바람의 도움이 필요한데, 이를 위해 특별한 방법을 써요.

꽃의 구조를 알아봐요

꽃의 구조를 관찰하는 활동은 쉽지 않아요. 같은 꽃자루에서 여러 송이의 꽃이 가까이 붙어 나오기도 하거든요. 이런 꽃들은 각 부분이 매우 작거나 구별하기가 어렵죠.

관찰 팁
- 다양한 꽃을 모아요. 부분별로 알아보기 쉽도록 꽃이 크면 좋겠죠.
- 꽃의 여러 부분을 조심스럽게 분리한 뒤 옆에 있는 그림을 참고해 어느 부분인지 확인해요.
- 종에 따라 꽃도 매우 다르지만 가장 흔하게는 수술 여러 개, 꽃잎 여러 장에 암술 하나를 볼 수 있어요.

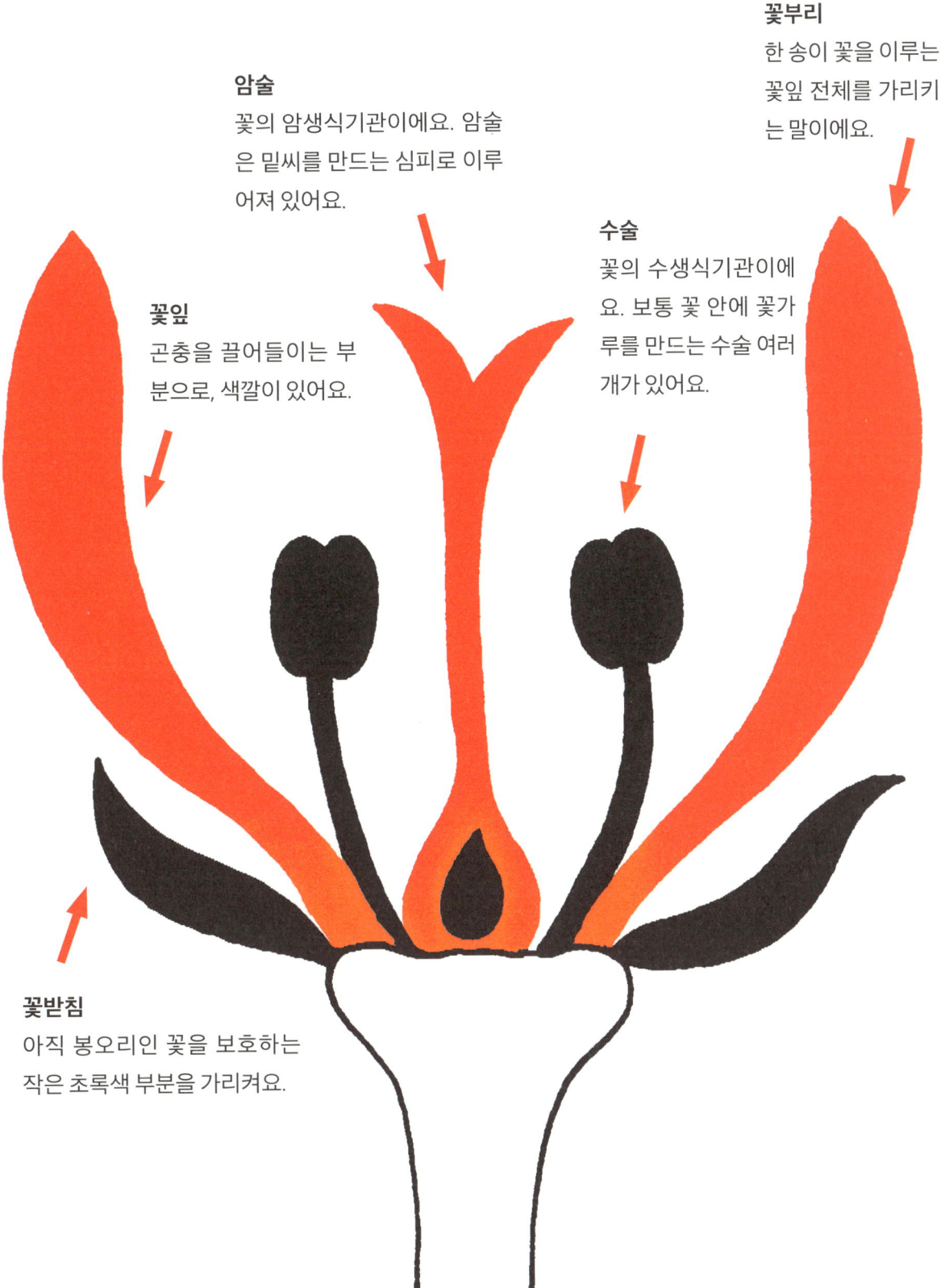

곤충을 끌어들이는 비결은 뭘까요?

꽃의 비결은 달콤함이에요. 벌을 비롯한 곤충들은 꽃이 만드는 달콤한 액체인 꿀을 먹어요. 벌이 꿀을 먹으러 다가와 꽃에 앉으면 벌 다리에 꽃가루가 묻어요. 꿀을 다 먹은 벌이 날아가 다른 꽃에 앉으면 아까 묻은 꽃가루가 다른 꽃으로 옮겨지겠죠?

기분 좋은 향이 나는 꽃도 있지만 썩은 고기 같은 나쁜 냄새를 풍기는 꽃도 있어요. 이런 꽃은 나비나 벌 대신 고약한 냄새를 좋아하는 파리 같은 곤충을 끌어들인답니다!

● **화환을 만들어요**

- -

데이지를 꼬아서 화환을 만들 수 있어요. 줄기가 길고 길이가 비슷한 데이지를 많이 모아요. 그중 두 송이를 집어 줄기가 엇갈리게 꼬아요. 이렇게 한 송이씩 더해 가며 머리둘레에 맞을 때까지 둥글게 만들어요.

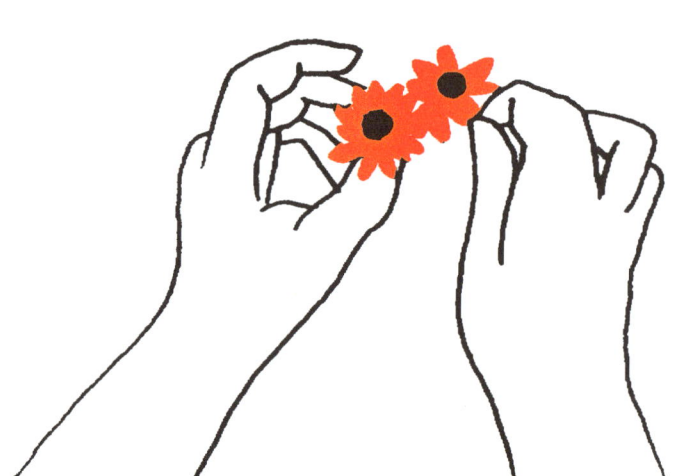

보는 것과는 다르게
식물이 곤충을 끌어들이는 다른 방법

곤충을 따라 하는 꽃

꽃가루 매개자를 끌어들이는 화려한 꽃잎이 없는 꽃도 있어요. 난초 같은 꽃은 꽃잎과 꽃받침을 곤충처럼 보이도록 바꾸었죠. 특정한 곤충처럼 생긴 난초가 있는데 그 종류의 곤충만이 이 난초를 꽃가루받이할 수 있답니다.

길을 안내하는 꽃

어떤 꽃은 꽃가루와 꿀을 찾을 수 있도록 꽃잎에 그려진 줄로 동물에게 길을 알려 줘요. 우리 눈에도 보이지만, 시각이 우리와는 다른 곤충에게는 이 줄이 더 뚜렷하게 보인다고 해요.

튤립

난초

꽃잎이 아닌 꽃잎

꽃잎과 비슷한 부분이 있는 꽃도 있어요. 이런 꽃은 꽃받침을 크고 화려하게 만들어 꽃잎처럼 보이게 해 예쁜 꽃부리가 있는 척을 해요. 튤립과 백합이 그렇죠. 나아가 잎이 아름답게 생겨 큰 꽃처럼 보이는 식물도 있어요. 부겐빌레아라는 꽃이 그래요. '가짜 꽃' 안을 들여다 보면 화려한 잎 안에 들어 있는 작고 하얀 진짜 꽃을 찾을 수 있어요.

꽃은 무엇이 되나요?

꽃은 씨앗을 보호하는 열매가 돼요. 열매는 생김새와 향기, 맛으로 동물을 끌어들여요. 열매의 이런 특징은 왜 중요할까요?

맛있는 열매 속에 씨앗이 숨어 있다면 동물이 먹을 가능성이 높아요. 열매를 먹은 동물이 똥을 눌 때쯤 되면 아마도 열매를 얻은 식물에서 멀리 떨어진 곳에 있겠죠. 그럼 그 식물은 자손끼리 너무 가까이에 있어 흙, 빛, 물, 영양분 등 같은 자원을 경쟁하는 일이 생기지 않도록 씨앗을 퍼뜨리는 목표를 달성한 거예요.

🔸 씨앗을 담을 봉투를 만들어요

여러 식물의 씨앗을 모아서 잘 말린 뒤 종이로 예쁘게 접은 봉투에 보관해요. 봉투에 씨앗 이름을 적고 그림을 그려 넣으면 좋겠죠? 씨앗 봉투는 모으거나 친구에게 선물할 수도 있어요.

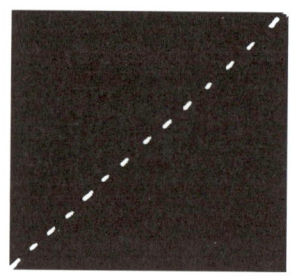
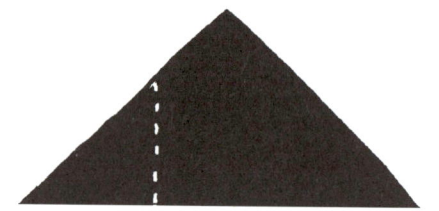 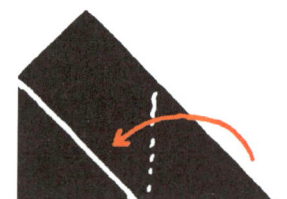
  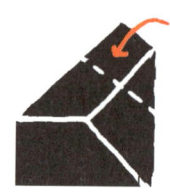  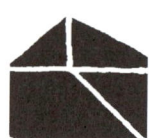

데이지를 자세히 살펴봐요

돋보기를 사용해서 데이지를 관찰하면 더 좋아요.

꽃이 몇 송이예요? 한 송이요? 확실해요?

자세히 들여다보면 꽃 가운데에 아주 작은 꽃이 엄청 많아요. 너무 많아서 셀 수 없을 정도죠! 하지만 바깥쪽에 있는 큰 꽃잎 때문에 커다란 노란색 '눈'이 있는 꽃 한 송이 같아 보여요.

우리가 보는 것은 꽃 한 송이가 아니라 많은 꽃이 무리를 지은 '꽃차례'예요. 이런 특징이 있는 꽃에는 천수국, 달리아, 국화, 거베라가 있어요. 이 꽃들은 '두상꽃차례'라고 하는 꽃차례로 이루어져 있고, 모두 국화과에 속해요.

이 작은 꽃들은 할 일이 많지 않아요. 꽃가루 매개자를 끌어들이기 위해 바깥쪽에 있는 부분만 큰 꽃잎을 만드는 데 에너지를 쓰죠. 하지만 결국에는 모든 꽃이 이득을 보게 돼요.

● 양귀비 댄스 가수를 만들어요

- 양귀비의 꽃잎을 줄기 쪽으로 접어서 풀이나 가느다란 줄기로 묶으면 '허리' 부분이 돼요.
- 그다음에 댄스 가수의 몸이 되는 부분에 가느다란 막대기를 넣어 위아래로 움직이면 댄스 가수가 춤을 추죠.

참고: 꽃잎을 아래로 접을 때 꽃잎이 빠지지 않게 하는 게 가장 어려워요. 꽃잎은 매우 약하거든요.

●● 야생화 꽃다발을 만들어요

색, 모양, 크기가 다양한 꽃을 모아 예쁜 꽃다발을 만들어요. 자연에서 리본 역할을 할 만한 재료를 찾아 모은 꽃을 묶어요. **자, 그럼 이 꽃다발을 누군가에게 선물해 봐요!**

걸음을 멈추고 장미 향기를, 다른 꽃들의 향기를 맡아요

꽃밭이나 공원에 가서 눈을 감고 공중에 떠다니는 여러 향기를 맡아 봐요. 어떤 꽃의 향기인지 알 수 있나요?

지구의 중심으로

암석

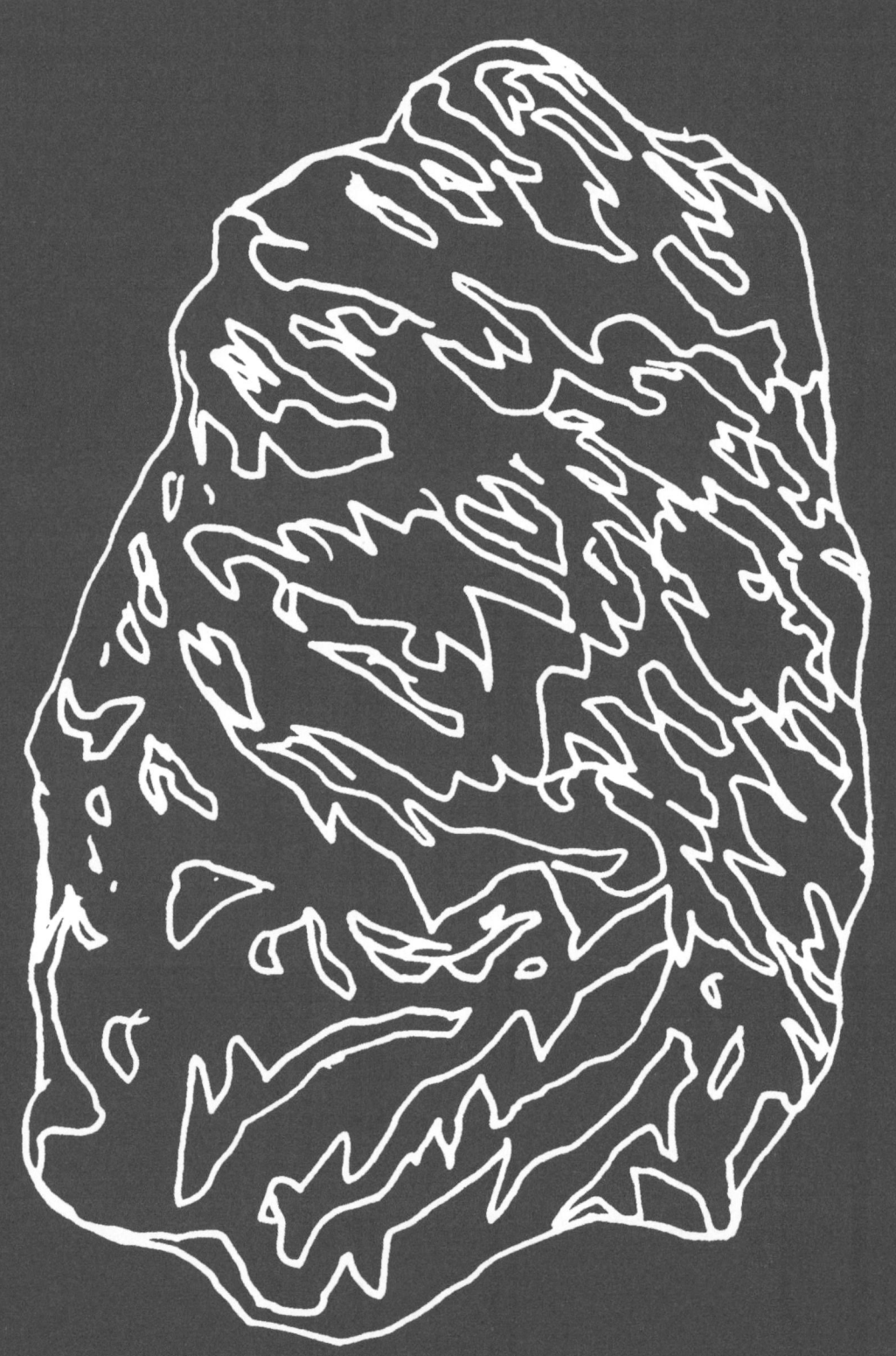

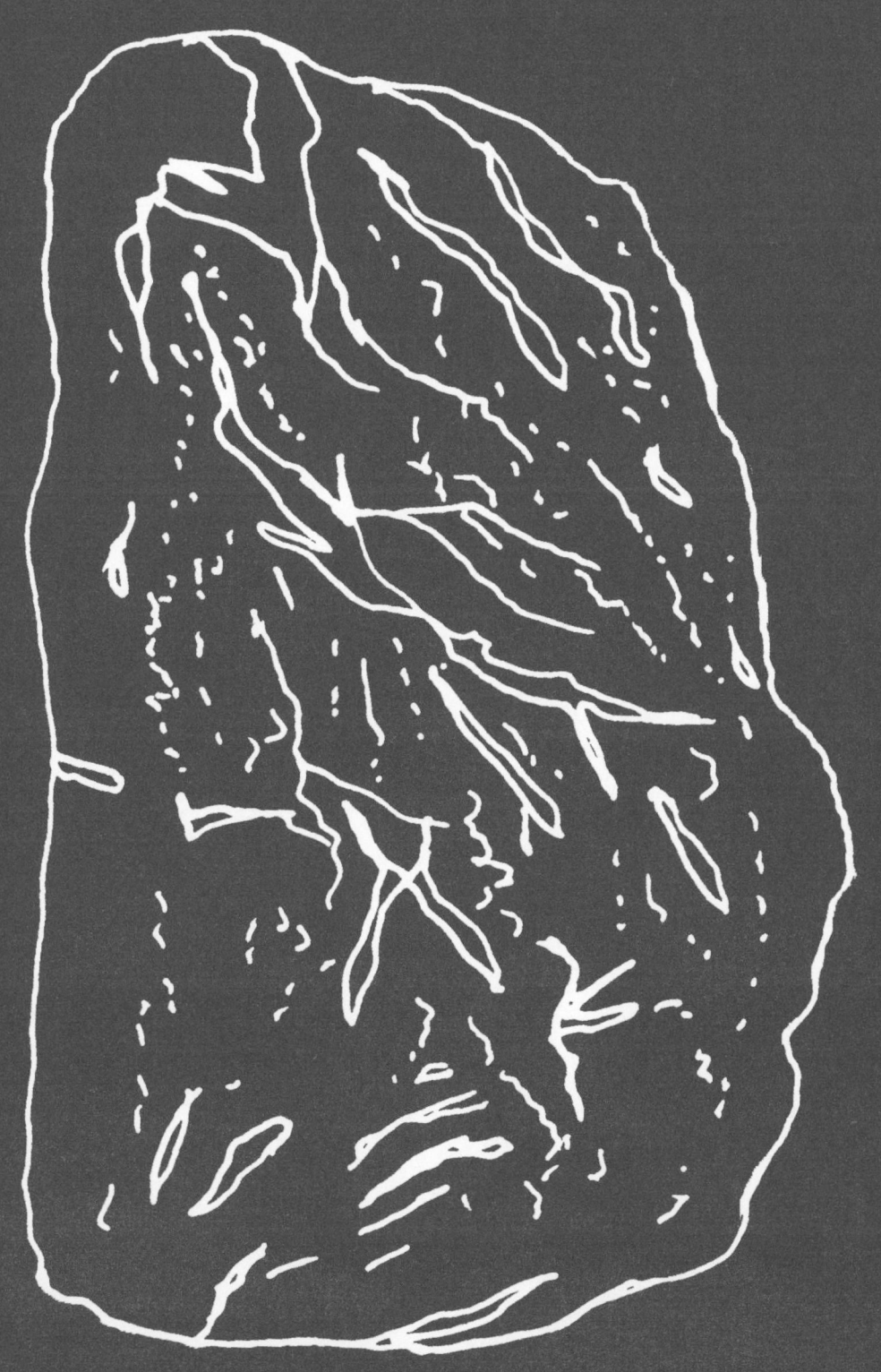

산책할 때 이렇게 생각해 볼까요? 여러분의 발아래, 지구의 중심에는 생긴 지 수백만 년이 넘은 거대한 암석 덩어리가 있다고 말이에요!

조용하고, 강하고, 신비한 자연은 늘 자기 자리를 지켜 왔어요.

지구는 암석의 행성?

많은 사람이 지구를 '물의 행성'이라고 불러요. 지구 표면에 물이 많기 때문이죠. 하지만 '암석의 행성'이라고 불러도 틀린 말은 아니에요. 지구는 대부분 암석으로 이루어졌으니까요. 광물은 다양한 방식으로 결합하여 서로 다른 성질을 띤 암석을 만들어요.

지구 표면에 있는 암석은 고체 상태예요. 하지만 지구 중심에는 암석이 액체 상태로 끓고 있어요.
보글보글, 부글부글!

암석은 무엇인가요?

바닷가, 강, 산 등 주변에서 볼 수 있는 암석은 서로 합쳐져 고체가 된 광물의 혼합물이에요. 시멘트와 벽돌은 암석이 아니에요. 사람이 만든 놀라운 창작물이죠. 암석의 종류에는 화강암, 석회암, 현무암, 대리석, 편암, 사암 등이 있어요.

지구를 달걀에 비유한다면 가장 겉에 있는 지구의 지각은 달걀 껍데기에 해당해요. 이 껍데기는 물, 얼음, 흙, 모래, 식물, 동식물의 잔해 등으로 덮여 있어요. 이 부분을 조금만 파내면 지구 전체를 덮은 암석이 나와요.

광물 + 광물 = 암석?

암석은 대부분 두 개 이상의 광물로 만들어졌어요. 예를 들어, 화강암은 석영과 장석이라는 광물이 합쳐진 암석이죠. 운모가 조금 섞여 있기도 해요. 하지만 단순히 광물 두세 가지를 섞는 것만으로는 암석이 되지 않아요.

암석이 만들어지는 과정은 우리가 케이크를 만드는 과정과 비슷해요. 예를 들어 볼까요? 준비된 여러 가지 재료(광물)로 케이크(암석)를 만들어요. 특정 종류의 케이크를 만들려면 재료의 양을 정확히 맞춰야 하죠. 그런 뒤 재료를 휘휘 저어 섞은 다음 정확한 온도에서 데우거나 식히거나 변화시키거나 하면서 조리해요. '재료'와 '케이크'라는 단어만 '광물'과 '암석'으로 바꾸어도 암석이 만들어지는 과정이 설명되네요.

광물은 뭐예요?

광물은 암석을 이루는 작은 알갱이예요. 지구에는 4000가지가 넘는 광물이 있어요. 광물은 다양한 방식으로 결합된 원소로 만들어져요. 예를 들어, 세계에서 가장 풍부한 광물인 석영은 규소와 산소로 구성되었어요.

돌은 뭐예요?

우리가 돌멩이나 자갈이라고 부르는 물체는 '기반암'에서 떨어져 나온 작은 암석 조각들이에요. 큰 바위는 물론 작은 돌멩이도 풍화작용과 침식이 생겨요. 물, 바람, 기온 변화 때문에 모양과 결이 변한답니다. 그 결과, 바닷가나 강가에서 볼 수 있는 동그랗고 매끄러운 자갈이 되기도 해요.

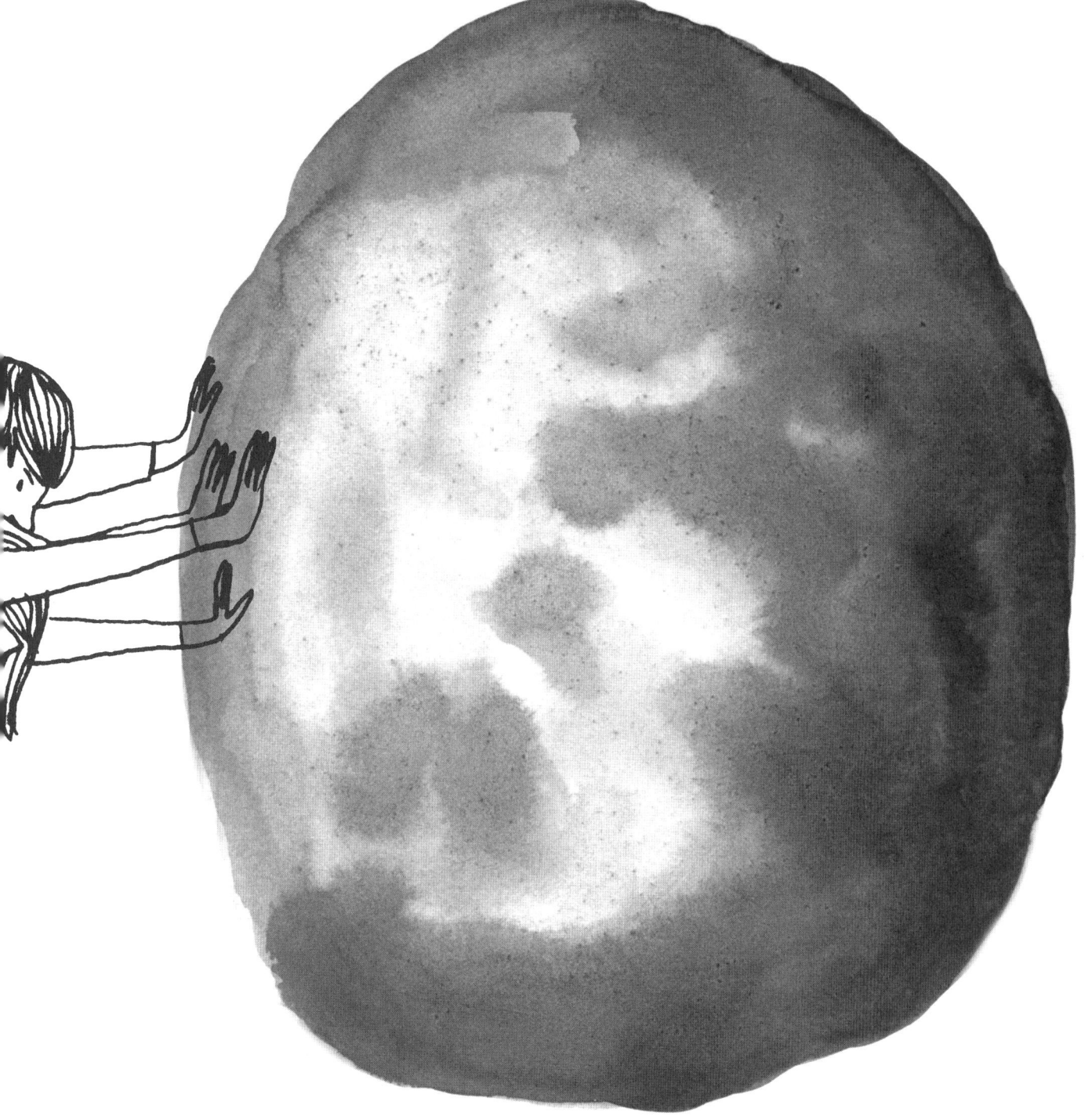

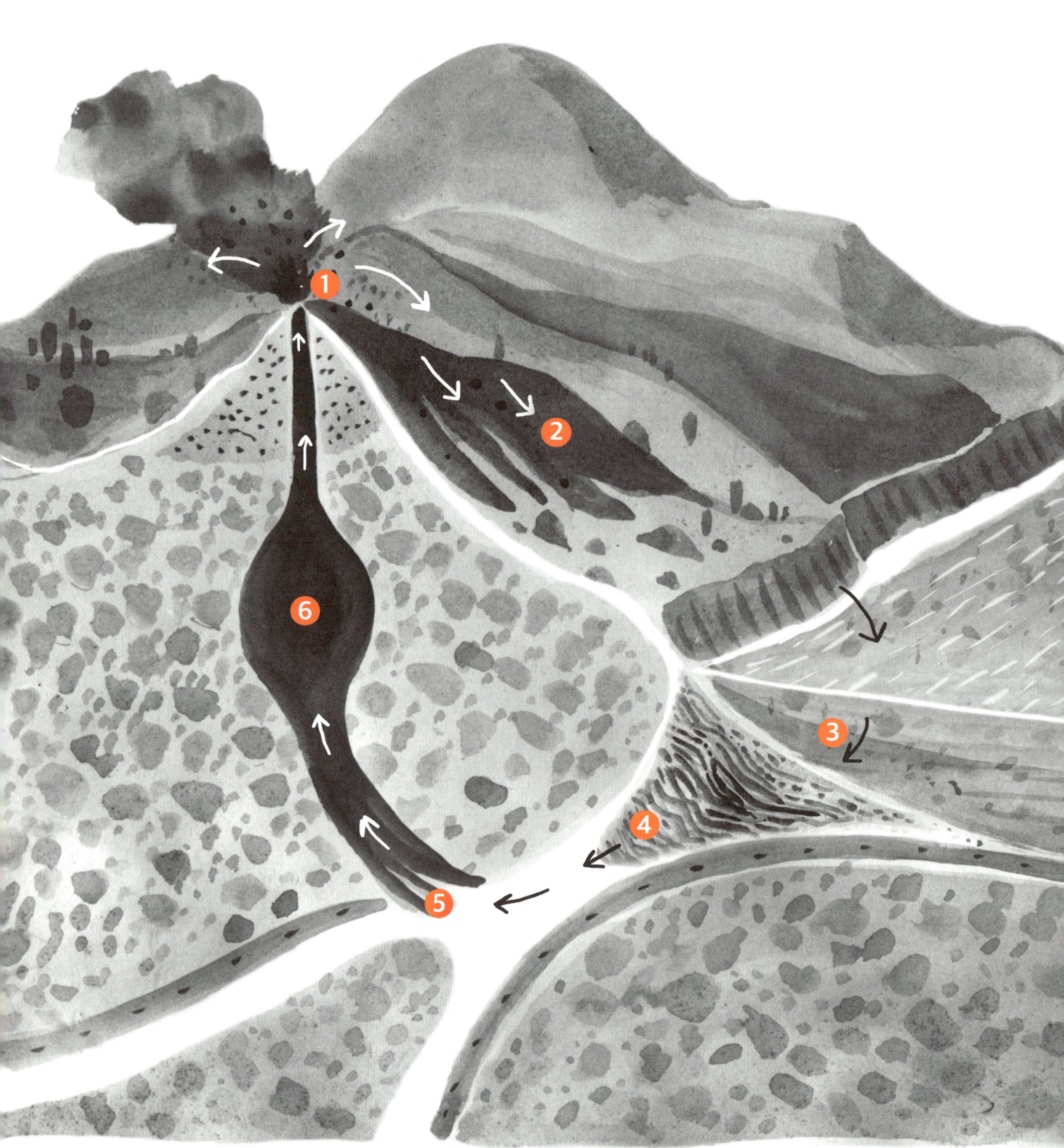

자연은 거대한 암석 재활용 기계

암석을 이루는 재료는 절대로 '사라지지' 않아요. 물이 순환하는 것처럼 암석도 늘 변화해요.

암석의 순환 주기는 수천 년에서 수백만 년이에요.

지구 내부에 녹아 있는 암석을 마그마라고 해요. 다양한 압력과 온도 차이로 생기는 땅의 움직임 때문에 마그마가 지구의 표면으로 흘러나오거나 지표면 가까이에서 ❶ **화성암**이 돼요. ❷ **지표면**으로 흘러나온 이 암석 중 일부는 풍화작용과 침식으로 더 잘게 부서져 쌓여요.

이런 식으로 쌓인 퇴적물은 운반되고, 가라앉고, 압축되고, 굳어지는 과정을 거쳐 ❸ **퇴적암**이 돼요. 땅은 계속해서 움직이며 퇴적암에 열과 압력을 가해요. 그 과정에서 ❹ **변성암**이 만들어지죠. 암석 중 일부는 ❺ **지구 내부**로 돌아가요. 그리고 다시 녹아 ❻ **마그마**가 되죠.

또 새로운 암석의 순환이 시작돼요.

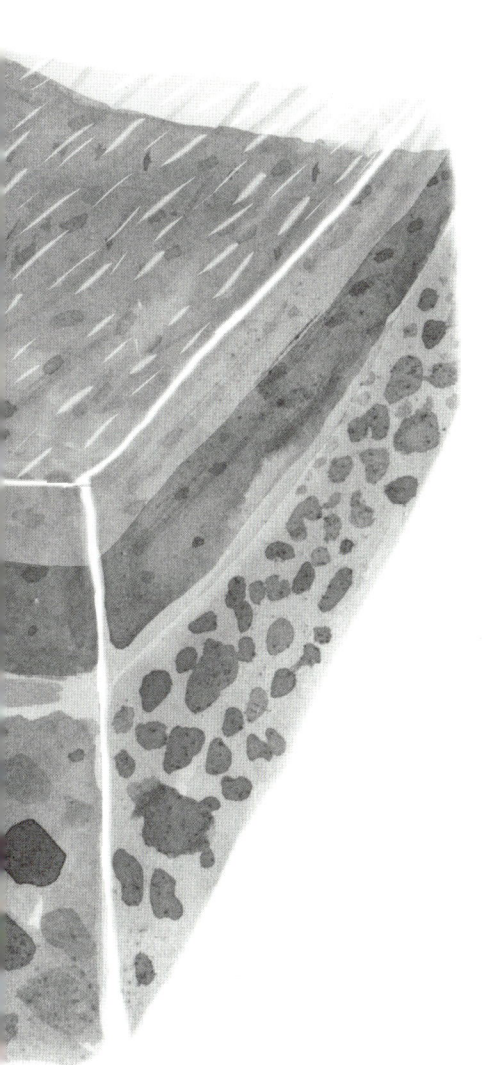

어떤 암석을 보도블록으로 쓰나요?

포르투갈은 흑백 그림과 무늬로 장식한 보도블록으로 유명해요. 바로 '포르투갈 전통 보도블록'이에요. 보통 흰 부분에는 석회암을, 검은 부분에는 현무암을 사용해요. 그 지역의 암석 환경에 따라 도로를 만드는 데 사용하는 재료가 달라져요. 화강암을 쓰는 곳도 있죠.

암석처럼 튼튼하게!
우리 몸속에도 광물이 있나요?

물론이에요. 여러분은 이제 자연의 모든 것은 늘 변하고 서로 영향을 주고받는다는 것을 알았죠? 광물이 암석을 만들 때도 같은 일이 일어나요. 광물은 지하수나 강, 개울, 호수 등에 있는 지표수와 바닷물에도 섞이고, 나무, 채소, 과일이 자라는 흙에도 있어요. 사람들은 먹는 음식과 마시는 물을 통해 우리 몸에 필요한 광물, 즉 무기질을 얻어요. 암석과 광물이 없다면 우리는 살 수 없어요!

가장 단단한 암석은 무엇인가요?

광물의 단단함을 측정하는 기준이 있어요. 바로 '모스굳기계'예요. 광물의 굳기, 즉 단단한 정도를 표준광물 10종을 정해 어떤 광물이 다른 광물보다 얼마나 쉽게 긁히는지를 측정했어요. 가장 부드러운 광물에서 가장 단단한 광물 순서는 아래와 같아요.

- 활석(손톱으로 쉽게 긁혀요.)
- 석고(손톱으로 긁혀요.)
- 방해석(구리 동전으로 긁혀요.)
- 형석(쇠못으로 긁혀요.)
- 인회석(유리로 긁혀요.)
- 장석(주머니칼로 긁혀요.)
- 석영(강철 날로 긁혀요.)
- 황옥(쇠붙이를 깎는 데 쓰는 줄로 긁혀요.)
- 강옥
- 금강석

암석의 단단함은 그 암석을 이루고 있는 광물의 단단함에 따라 달라요. 모스굳기계에 따르면 가장 단단한 광물은 금강석, 즉 다이아몬드예요!

물에 뜨는 암석이 있나요?

딱 한 가지 있어요. 부석은 가스가 풍부한 액체 상태의 용암이 대기로 분출해 식으면서 만들어진 화산암이에요. 스펀지처럼 구멍이 많아요. 물보다 밀도가 훨씬 낮아서 암석 중에서는 유일하게 물에 떠요. 부석을 물에 띄우는 실험을 해 봐요.

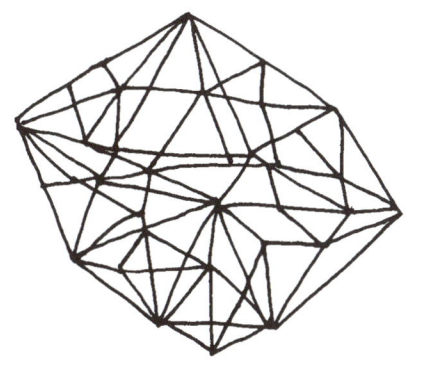    

내가 찾은 이 돌멩이는 무슨 암석일까요?

돌멩이를 어디서 찾았는지, 어떤 특징이 있는지에 따라 다르죠. 무슨 암석인지 확인하려면 돌멩이를 자세히 살펴보고 몇 가지 질문에 답할 수 있어야 해요.

- 무슨 색인가요?
- 여러 색의 알갱이로 이루어져 있나요?
- 큰 결정체가 보이나요?
- 표면이 매끄러운가요, 거친가요?
- 윤이 나나요?
- 단단한가요, 아니면 쉽게 부서지나요?
- 쉽게 층으로 쪼개지나요?
- 물이 스며드나요, 스며들지 않나요?
- 물에 뜨나요?

다음 장을 보면 발견한 돌멩이에 관해 몇 가지 결론을 내릴 수 있을 거예요.

암석의 특징

석회암
- 밝은색
- 단단함
- 밀도 높은 결
- 부서지지는 않지만 쉽게 쪼갤 수 있음
- 산성에 반응함

화강암
- 반점이 많고 색이 다양함
- 단단함
- 오돌토돌한 표면
- 쉽게 부서지거나 쪼개지지 않음

점토
- 갈색, 노란색, 초록색
- 젖은 상태에서 모양을 바꿀 수 있음
- 마른 상태에서 쪼개질 수 있음
- 고운 입자
- 쉽게 부서짐

편암
- 회색, 갈색 등 진한 색
- 단단한 편은 아님
- 층 있는 결
- 쉽게 쪼개짐

현무암
- 검은색 등 어두운색
- 매우 단단함
- 매우 고운 입자
- 쉽게 부서지지 않음

대리석
- 흰색, 회색, 분홍색 등 여러 가지 색
- 매우 단단함
- 매끄러운 표면
- 쉽게 부서지거나 쪼개지지 않음
- 산성에 반응함

참고: 암석과 화학물질을 사용하는 실험은 어른과 꼭 함께해요!

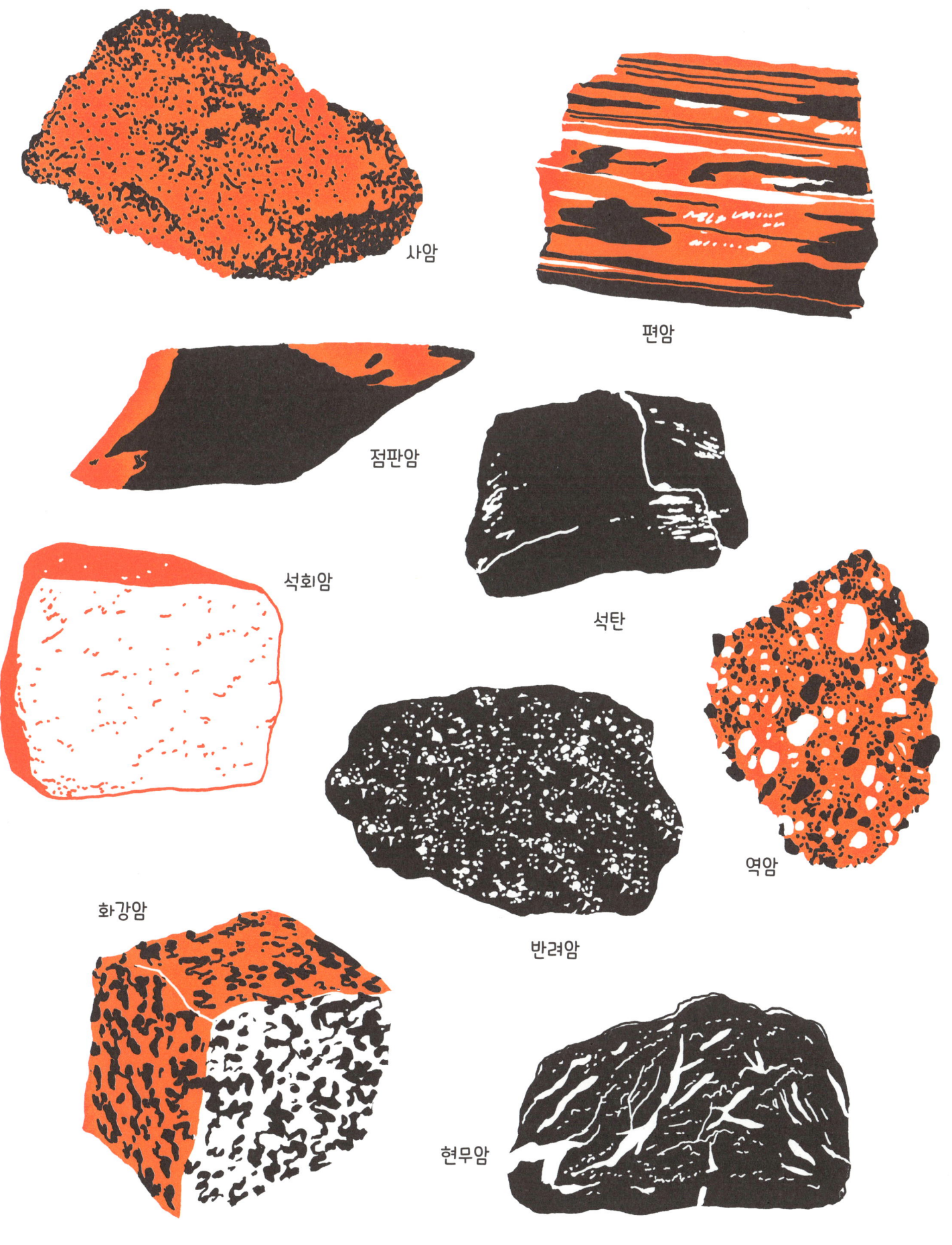

암석은 움직일 수 있나요?

우리는 당연히 암석은 움직이지 않는다고 생각해요. 과연 그럴까요? 사실 암석은 스스로 움직여요. 지구의 지각을 이루는 암석은 특히 그래요. 아주 천천히, 조금씩 움직여서 우리가 알아차리지 못하지만 움직임이 커져서 지진이 발생하면 느낄 수 있죠. 그런데 대부분의 지진은 아주 약하게 일어나서 사람은 느끼지 못하고 지나치곤 해요. 과학자들이 땅의 움직임을 탐지하는 데 사용하는 지진계를 통해서만 확인할 수 있죠.

대륙도 움직이나요?

지구의 지각을 이루는 암석이 움직인다는 건 대륙도 움직인다는 뜻이에요. 약 1억 7500만 년 전 지구는 '판게아'라는 단 하나의 초대륙이 '판탈라사'라는 큰 바다에 둘러싸여 있었어요. 이 초대륙은 아주 천천히 움직이면서 더 작은 대륙으로 나뉘었고, 지금의 세계지도 모양이 되었죠. 대륙은 여전히 움직이는 중이에요. 아메리카와 유라시아는

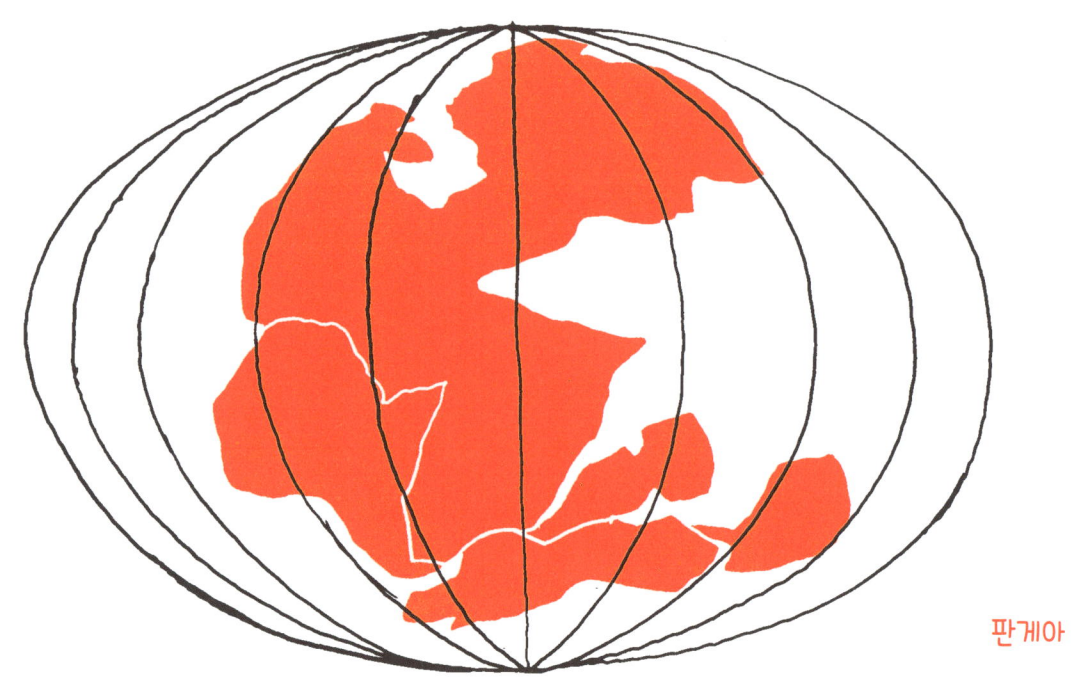

판게아

점점 멀어지고 있어요. 해마다 약 2센티미터씩 멀어지고 있죠. 그래서 대서양은 점점 더 넓어지고 태평양은 더 좁아진답니다.

대륙이 움직였고, 지금도 움직인다는 것을 어떻게 알까요?

GPS 장치로 대륙이 움직이는 속도를 측정할 수 있어요. 하지만 오랫동안 이루어진 대륙 이동을 뒷받침하는 가장 큰 증거는 바로 동물이에요!

수백만 년 전 지구에 살았던 동물의 화석을 연구한 과학자들은 아주 비슷한 종의 흔적을 오늘날 넓은 바다를 사이에 둔 대륙에서 발견했어요. 그 동물이 살아 있을 때는 대륙이 합쳐져 있었다는 설명이 가장 가능성이 높아요.

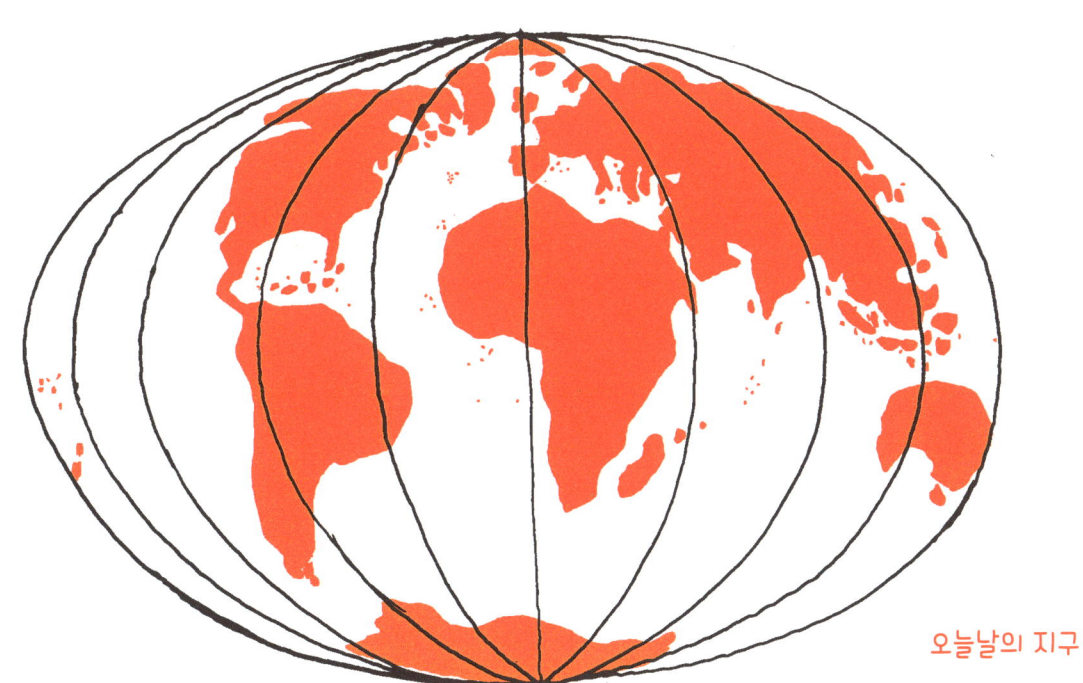

오늘날의 지구

날마다 떨어지는 물방울이 단단한 바위를 닳게 해요

아무리 단단한 암석이라고 해도 끊임없이 그 위를 지나는 바람과 물이 주는 영향을 이겨 내지는 못해요. 긴 시간이 지나면 암석은 작디작은 조각으로 나뉘어 다른 곳으로 옮겨져요. 바닷가에 있는 모래도 이런 조각들이 모인 거예요. 모래에는 달팽이나 조개와 같은 연체동물의 껍데기 조각이 섞이기도 해요. 이렇게 자연현상으로 암석이 닳는 것을 '침식'이라고 해요.

강과 바다에 있는 물은 암석 침식의 원인이에요. 강이 바다와 연결되는 부분에 넓게 진흙이 쌓이는 현상도 이 때문이죠. 강물은 세차게 흐르며 강 바닥에 쌓여 있는 암석 조각들을 운반해요. 그러다 바다를 만나 물이 흐르는 속도가 줄어들면 암석 조각의 운반을 멈추기 때문에 강과 바다가 연결되는 부분에 진흙이나 모래 같은 침전물이 쌓여요.

물 때문에 생긴 침식은 해안 절벽에서 뚜렷하게 나타나요. 파도, 밀물과 썰물, 그리고 거센 바람에 의해 생기는 아주 커다란 물결은 암석을 닳게 해 절벽이나 굴을 만들기도 해요. 바닷가로 떨어지는 암석의 크고 작은 조각들도 침식되고요.

골짜기의 모양도 물 때문에 생긴 침식과 관련이 있어요. 강의 상류냐 하류냐에 따라 골짜기 모양이 달라지거든요. 강물이 빠르게 흐르고, 물이 처음 흘러나오는 곳에서 가장 가까운 상류에 있는 골짜기는 보통 좁고 깊어요. 하지만 강물이 더 천천히 흐르는 하류에 가까워질수록 골짜기는 평평하고 넓어져요.

강의 하류에 있는 땅은 대개 기름져요. 물이 운반한 침전물이 계속 쌓이기 때문이죠. 이런 곳은 농사짓기에 아주 좋아요. 최초의 인류 문명이 자리를 잡은 곳도 이런 지역이었어요. 오늘날에도 많은 대도시가 큰 강 근처나 강어귀에 위치하고 있죠.

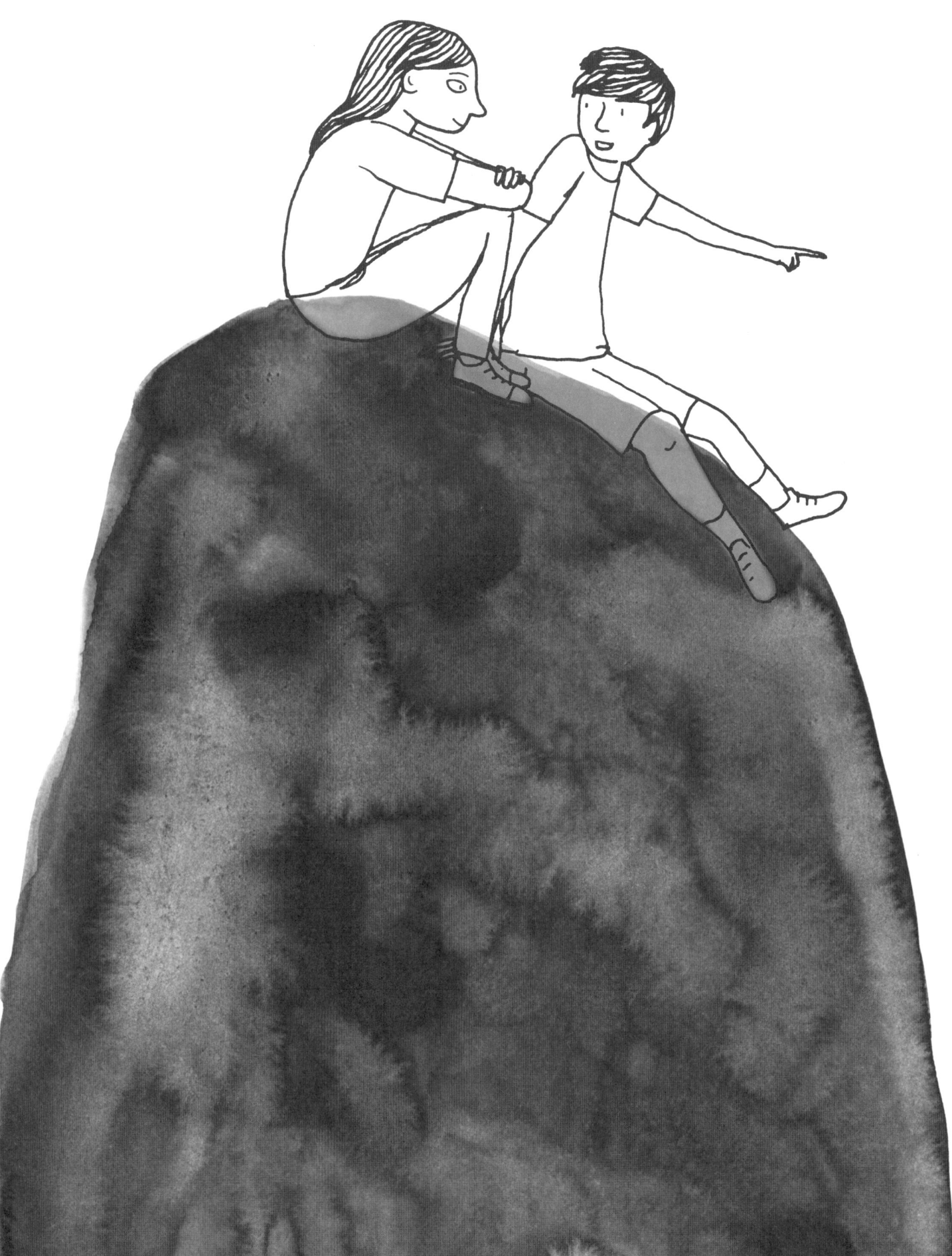

다양한 암석의 결을 수집해요

부드러운 찰흙 위에 암석을 꾹 눌러요. 그러면 암석의 결이 찰흙에 찍히겠죠? 다양한 암석의 결을 찰흙을 이용해 모아 봐요.

- - - - - - - -

눈을 감고 암석을 만져요

눈을 감고 암석을 만지면 결이 더 잘 느껴져요. 대리석처럼 매끄러운 암석도 있고, 화강암처럼 거친 암석도 있어요. 층으로 나뉜 편암도 있고, 표면이 차갑거나 따뜻하게 느껴지는 암석도 있어요. 규질 점토암처럼 냄새가 나는 암석도 있답니다.

- - - - - - - -

손안의 모래알 세상

모래는 침식으로 쪼개지고 부서진 암석 알갱이예요. 모래를 한 움큼 집어 살피면 알갱이가 전부 똑같을 때가 있어요. 한 가지 암석으로 만들어진 모래이기 때문이죠. 하지만 여러 색의 알갱이가 보인다면 여러 종류의 암석에서 만들어진 거예요. 온 세상의 조각들을 손에 쥐고 있는 것이나 마찬가지죠!

- - - - - - - -

바닷가도 박물관이 될 수 있어요

산책길, 바닷가, 강가…. 어디든 좋아요. 다양한 암석이 있는 곳이라면 어디든 박물관이 될 수 있어요. 주변에 있는 여러 암석을 모아요. 그리고 관람객을 위해 관람 순서를 정해요. 암석에 이름표를 달고, 소개 글도 써 볼까요? 전시가 끝나면 암석은 모두 제자리에 놓고 와야 해요.

- - - - - - - -

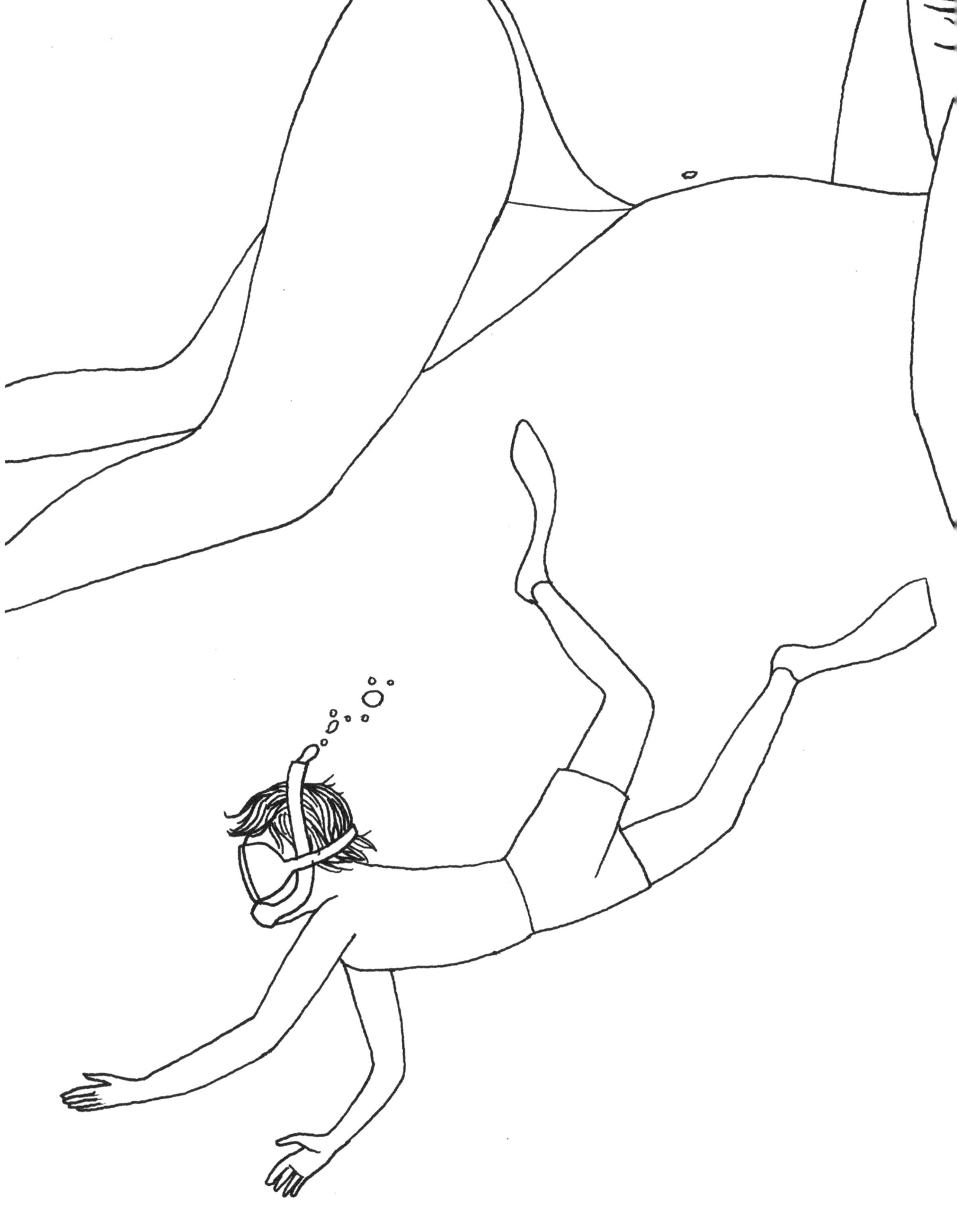

바닷가로 갈까?

바다와 바닷가, 조수 웅덩이

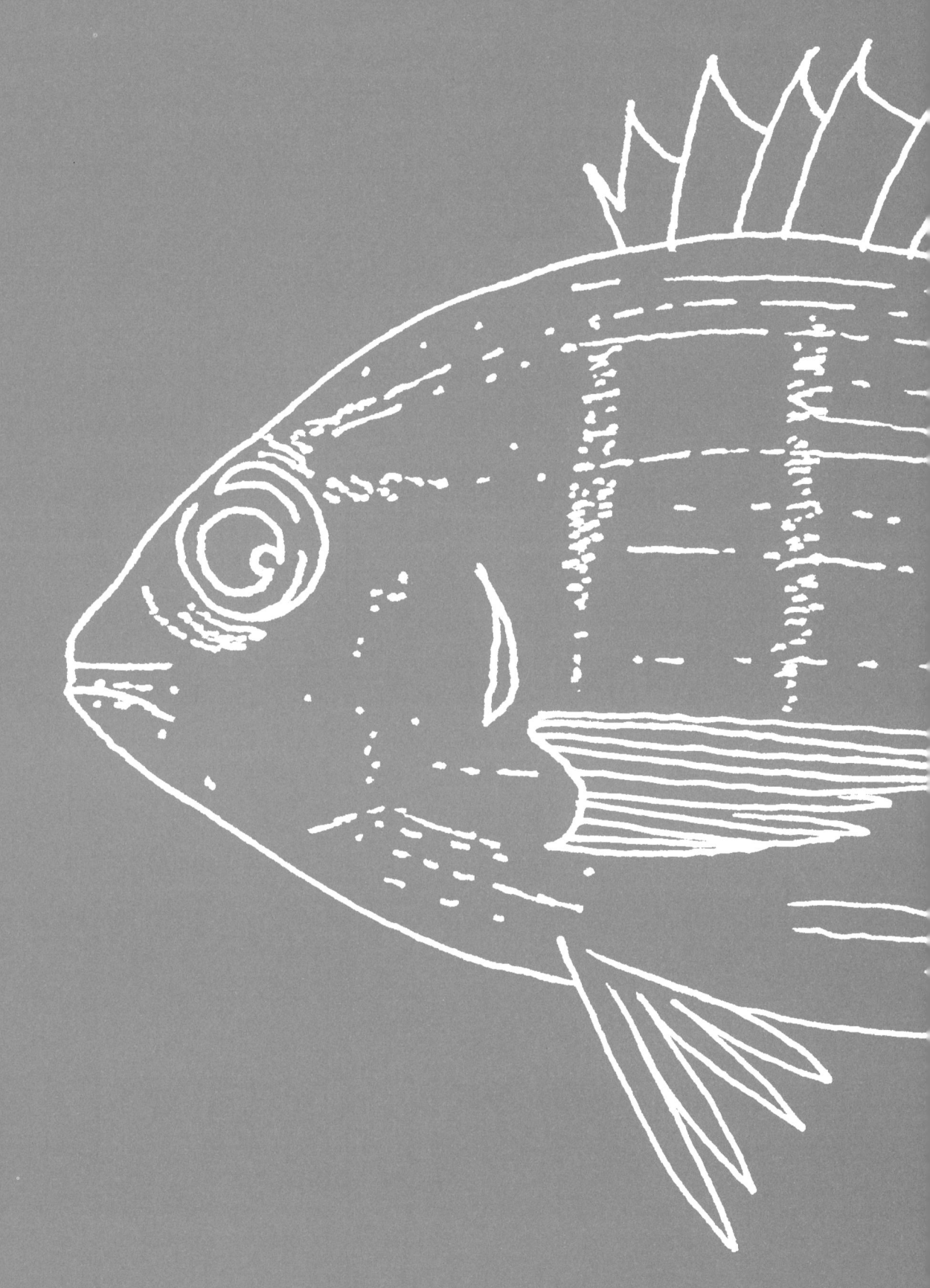

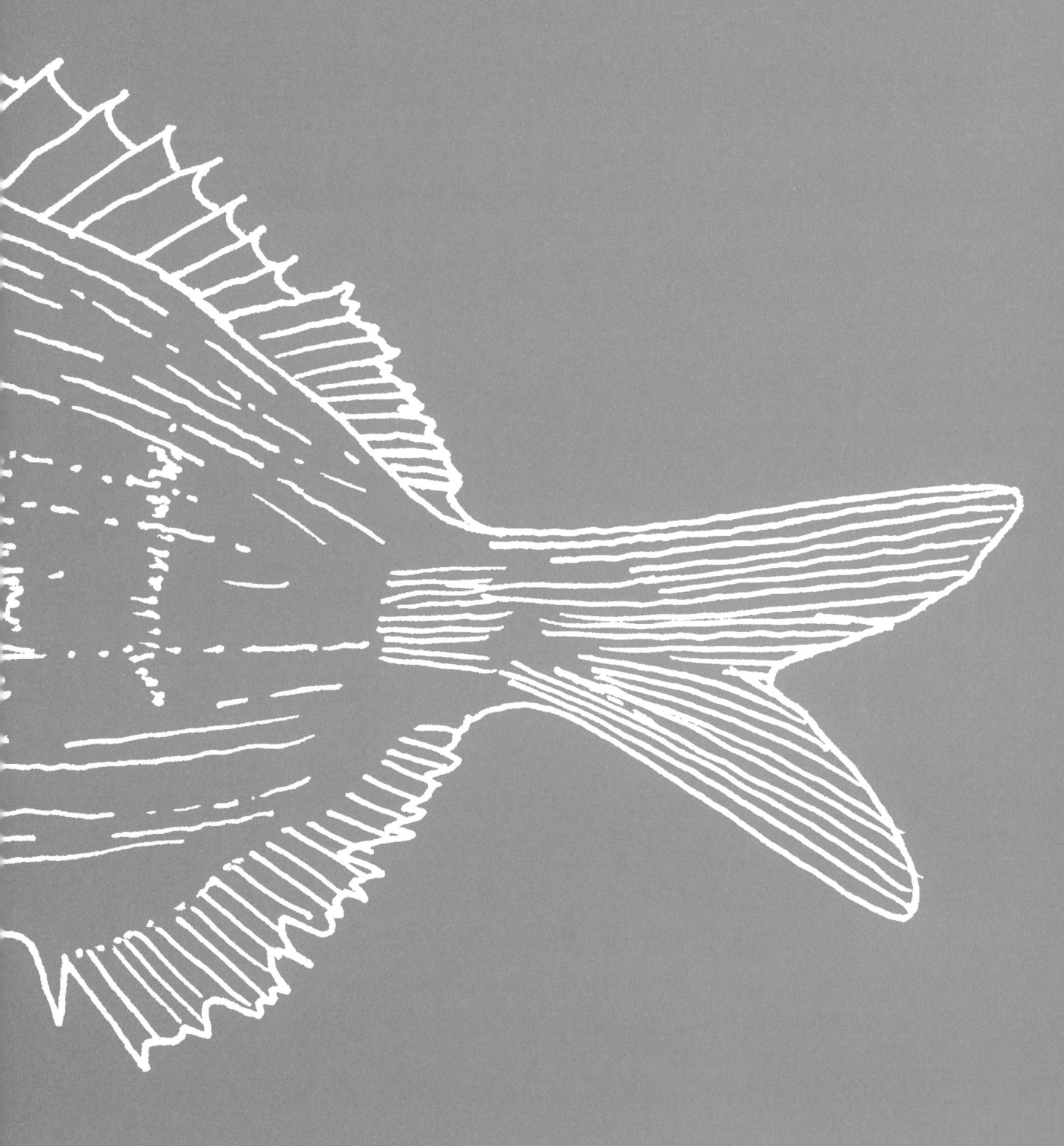

바닷가는 아주 특별한 장소예요. 여름방학이 떠오른다고요? 그뿐만이 아니에요. 바닷가에서는 자연의 모든 힘을 느낄 수 있어요.

신발을 벗어 들고 바다로 들어가 볼까요? 바닷가에는 보고 배울 것이 참 많아요.

우리 모두 풍덩!

강물이 바다로 흘러가서 바닷물이 되는데 왜 짠맛이 나죠?
강물이 바위 위로 흐를 때 바위를 이루는 광물이 차츰 물에 녹아요. 물에 섞인 여러 광물이 소금이 되고요. 수백만 년이라는 세월 동안 소금이 조금씩 바다로 흘러 들어갔어요. 그래서 오늘날 바닷물을 맛보면 딱 한 가지 맛만 나죠. 바로 짠맛이요!

바다는 왜 파란색인가요?
바닷물을 가까이에서 보면 수도꼭지에서 나오는 물처럼 투명해요. 그런데 멀리서 보는 바다는 왜 파란색일까요? 바다가 파란 하늘을 비춰서 그렇다고 말하는 사람도 있지만 틀렸어요. 바다는 태양빛 중 파란빛을 가장 늦게 흡수하기 때문에 파랗게 보이는 거예요. 물이 깊고 많으면 더 짙은 파란색으로 보여요. 우리 눈에 보이는 바닷물이 여러 색으로 보이는 이유는 구름의 그림자, 해저의 색깔이나 침전물 때문이에요.

왜 바닷물이 들어왔다 나갔다 하나요?
바닷물이 저 멀리 밀려나 있어서 바다에 발을 담그려면 한참을 걸어가야 할 때가 있어요. 이 현상은 '조류'라는 바닷물의 흐름 때문에 일어나요. 밀물이 되면 바닷물은 해안 위로 더 밀려 올라오고 썰물이 되면 물은 멀리 밀려 나가죠.

조류는 왜 생기나요?

태양과 달은 각각 지구에 중력이라는 힘을 가하고 있어요. 사실 지구도 태양과 달에 중력을 가해 서로 잡아당기죠. 하지만 달이 지구에 더 가까이 있어서 지구가 회전하는 중에 바닷물을 끌어당겨 생기는 조류는 대부분 달 때문에 생기는 현상이에요. 우리가 있는 쪽 바다가 밀물이라면 지구 반대쪽은 썰물이 되는 현상도 이 때문이에요.

조류는 얼마나 자주 일어나나요?

조류는 주기적으로 끊임없이 반복돼요. 밀물이 끝나면 바로 썰물이 시작되고, 썰물이 끝나면 바로 밀물이 시작되죠. 여섯 시간 동안 천천히 물이 밀려 들어와요. 그리고 다시 여섯 시간 동안 물이 밀려 나가요.

사리와 조금

태양과 지구 사이에도 중력이 있지만 거리가 멀어서 달의 영향만큼 강하지 않아요. 그래도 관찰할 수 있어요. 어떤 일이 일어날까요?

지구에서 볼 때 태양과 달이 같은 줄에 위치하면, 즉 보름달이나 초승달이 뜨면 태양과 달의 중력이 같은 방향으로 잡아당기기 때문에 물은 더 많이 움직여요. '사리'가 일어나는 것이죠. 상현달과 하현달이 뜰 때는 태양과 달이 같은 줄에 있지 않기 때문에 서로 다른 방향으로 끌어당겨요. 지구와 더 가까이에 있는 달이 더 세게 끌어당기죠. 이때 조류는 약해져요. 이를 '조금'이라고 해요.

조류는 일 년 내내 동일하지 않아요. 춘분과 추분에 가까워지는 때(3월과 9월)에 가장 강한 사리가 일어나죠. 동지와 하지에 가까워지는 때(12월과 6월)에는 조금이 가장 약해요.

파도 사전

바닷물의 표면이 되는 선을 ❶ **해수면**이라고 해요. 파도의 가장 아랫부분은 ❷ **골**이라고 하고 가장 윗부분은 ❸ **마루**라고 해요. 골과 마루 간 거리는 ❹ **파고**라고 부르고 두 마루 사이의 거리나 두 골 사이의 거리는 ❺ **파장**이라고 해요.

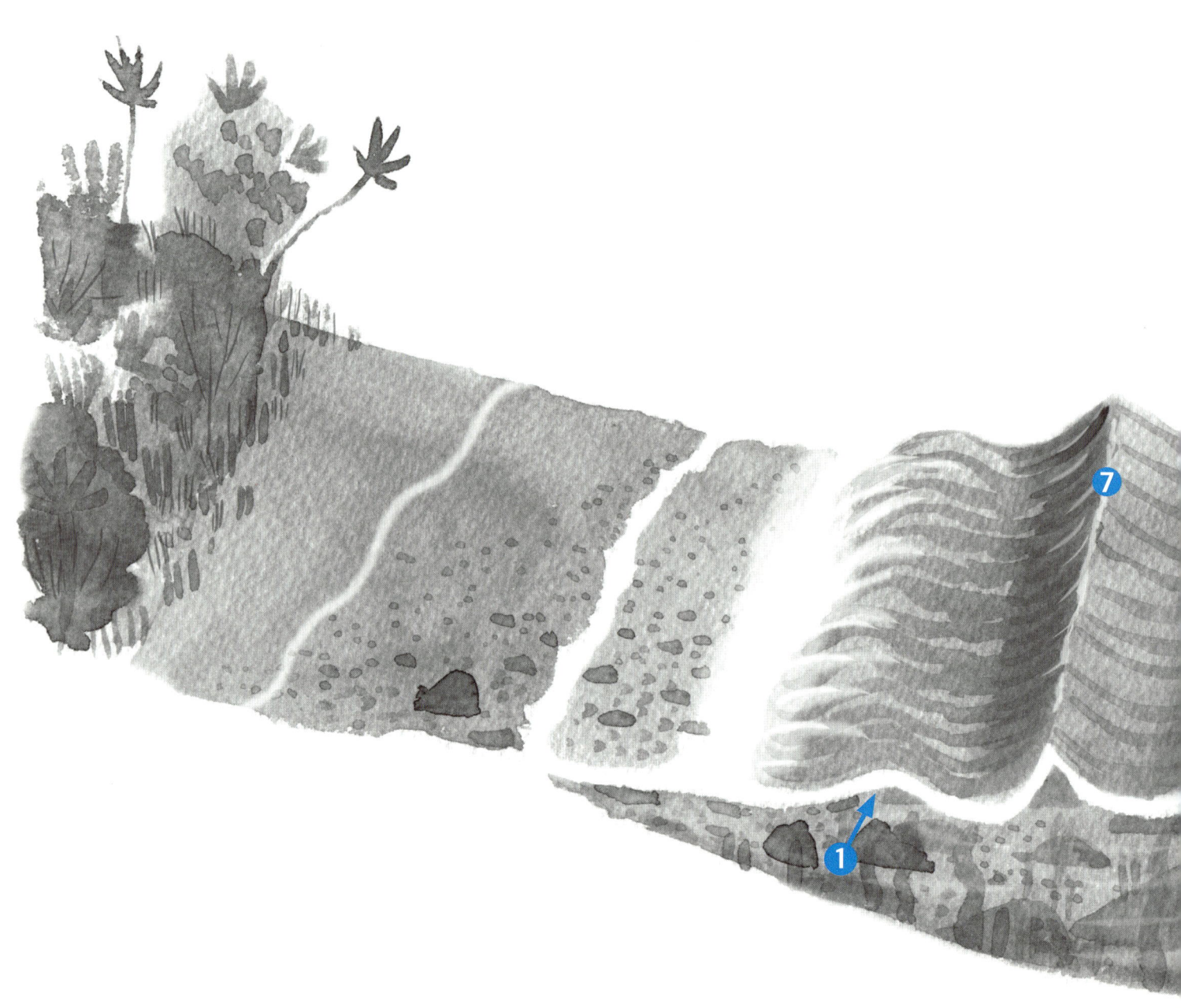

파도는 어떻게 생기나요?

바다 위에 바람이 불면 아주 작은 ❻ **물결**이 생겨요. 이 물결은 해수면을 넓히고 바람 에너지를 파도 에너지로 바꿔요. 파도의 에너지, 강도, 높이는 점점 더 증가하고요.

바람이 특정한 곳에 불면 그곳에 생기는 파도는 뒤죽박죽이 돼요. 하지만 파도가 바람을 벗어나면 차츰 규칙적으로 움직여요. 해안까지 나란히 도착하는 파도는 수 킬로미터를 이동한 셈이죠. 파도타기를 하는 사람들이 좋아하는 ❼ **너울**은 바람의 영향을 받은 크고 사나운 물결을 말해요.

조수 웅덩이는 어떻게 생기나요?

썰물이 되면 몇 분 전만 해도 물속에 잠겨 있던 모래와 암석이 나타나요. 이렇게 밖으로 드러난 부분을 '간석지(갯벌)'라고 하죠. 이곳에 암석이 많으면 바닷물이 고여 조수 웅덩이가 생겨요.

조수 웅덩이에 갇히는 동물도 있나요?

네. 특히 홍합, 삿갓조개, 말미잘, 성게처럼 암석에 붙어살며 스스로 많이 움직이지 못하는 동물이나 땅 위에서 걷지 못하는 물고기, 새우 등이 조수 웅덩이에 남아요. 게와 문어처럼 여러 조수 웅덩이를 왔다 갔다 하며 사람들의 눈에 띄는 위험을 무릅쓰는 동물도 있어요.

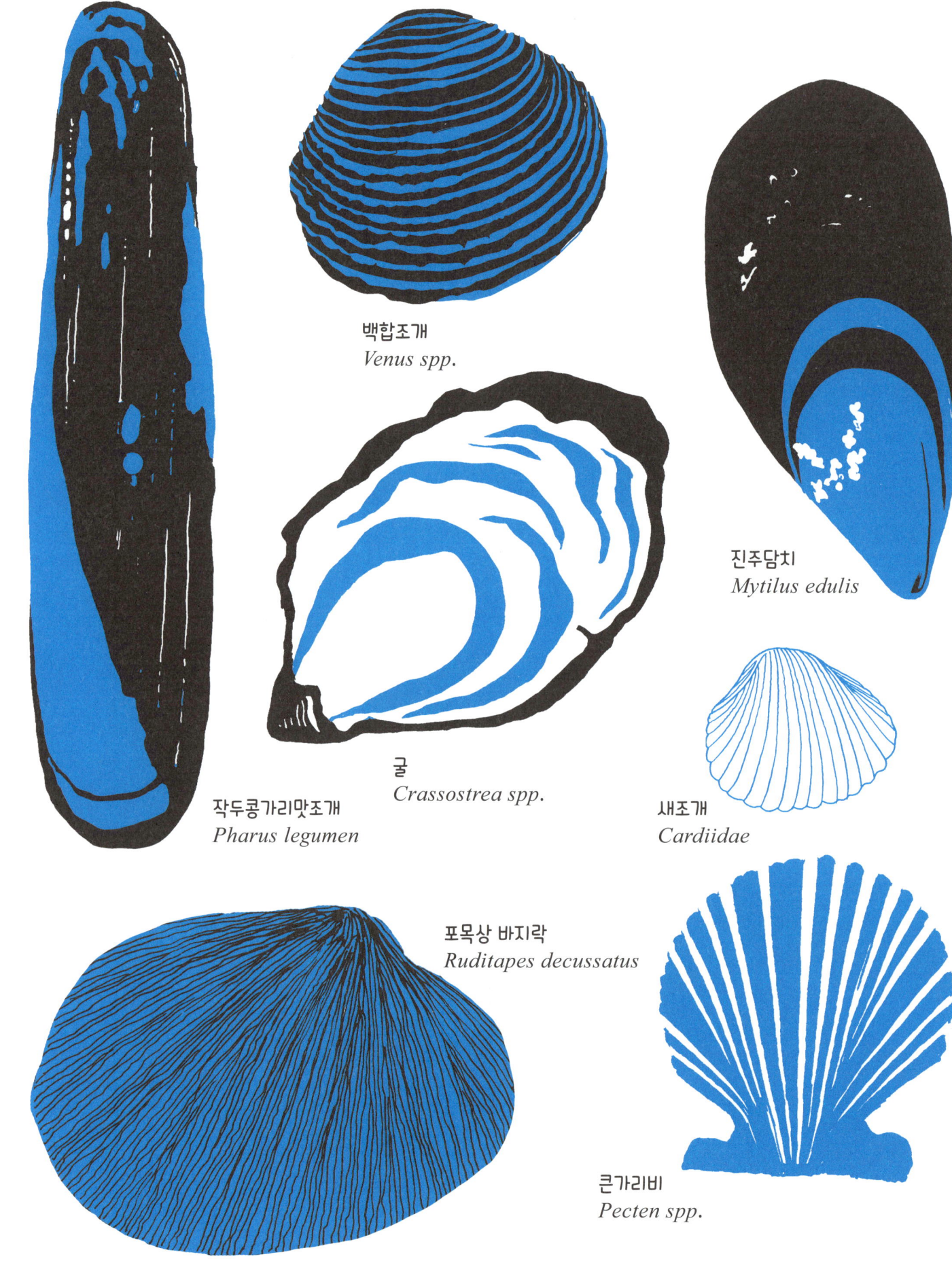

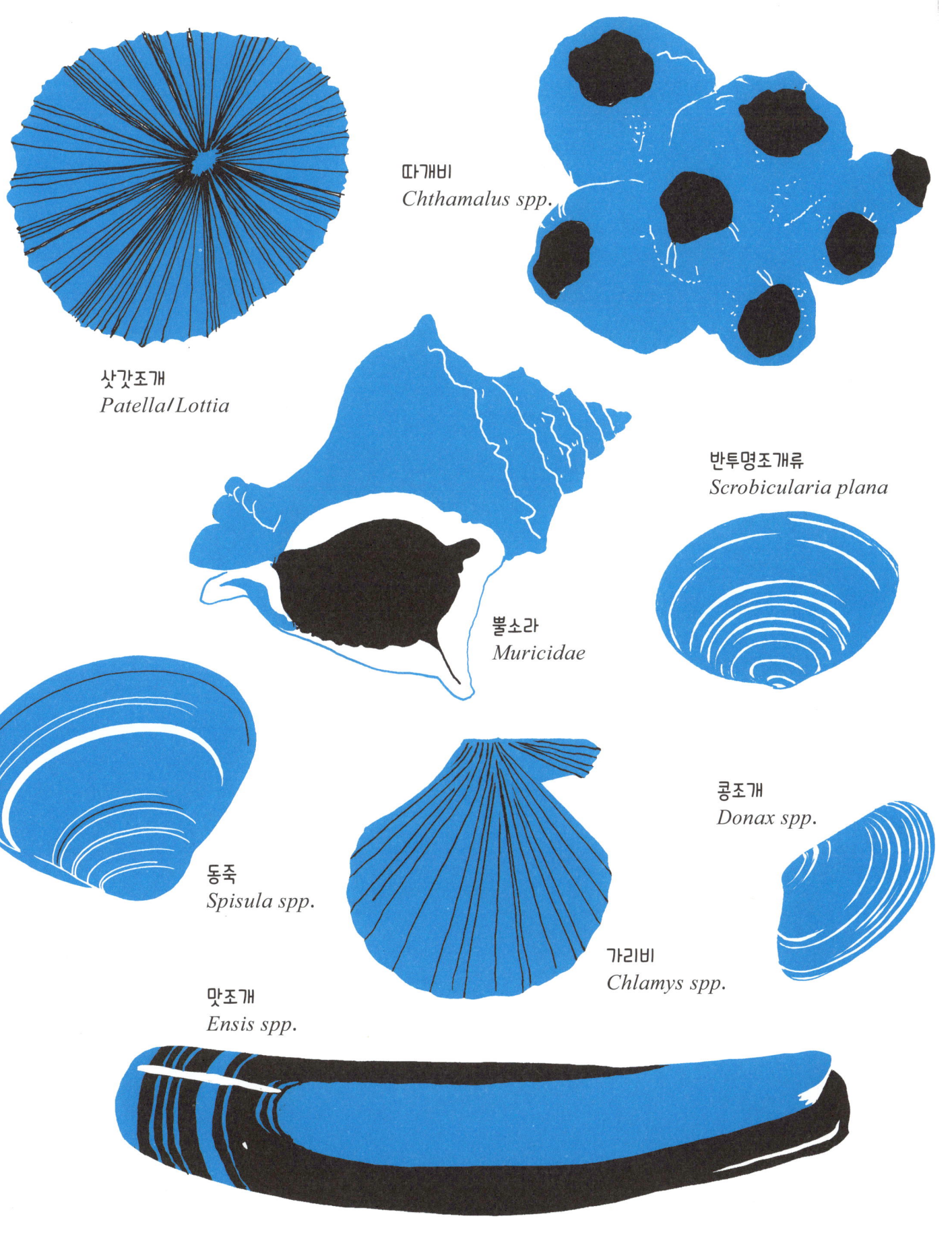

조수 웅덩이에 갇힌 동물들은 서로를 잡아먹기도 하나요?

다른 생태계와 마찬가지로 조수 웅덩이 안에도 천적과 먹잇감이 되는 동물이 각각 있어요. 하지만 아무리 배고픈 천적이라도 눈앞에 있는 동물을 모두 다 잡아먹지는 않아요. 여러분도 배고프다고 해서 냉장고에 든 음식을 한꺼번에 다 먹지는 않잖아요! 그리고 조수 웅덩이는 잠깐 생겼다가 없어진다는 점을 기억해요. 밀물이 들어오면 웅덩이에 갇혔던 동물들은 그곳에서 나와 다른 곳으로 갈 수 있어요. 조수 웅덩이에서 발견되는 동물은 날마다 달라진답니다.

조수 웅덩이에는 별이 있어요!

별처럼 생긴 불가사리는 조수 웅덩이의 스타예요. 좀 이상하게 들릴지 모르지만 예쁘고 화려한 포식자이기도 하죠. 불가사리는 홍합같이 더 작은 동물을 잡아먹어요. 게다가 팔 하나를 잃으면 같은 자리에 새로운 팔이 자라나는 특성도 있어요. 그렇다고 팔을 일부러 없애지는 마요! 팔을 잃으면 다시 자라는 데 몇 개월에서 몇 년까지 시간이 오래 걸리는 데다 질병에 걸리기 쉬우니까요.

조수 웅덩이의 또 다른 스타는 문어예요. 다리 여덟 개를 이용해 먹이를 찾거나 천적을 피해 조수 웅덩이 안 어디로든 갈 수 있죠. 문어는 매우 똑똑해서 위협을 받으면 먹물을 내뿜어 상대를 혼란에 빠뜨려요.

조수 웅덩이를 관찰하러 갈까요?

생물학자들이 조수 웅덩이에 사는 동물에 관해 직접 보고 기록하는 일을 '현장 조사'라고 해요. 생물학자가 아니더라도 조수 웅덩이를 관찰하면 언제나 많은 것을 배울 수 있어요!

중요한 팁

- 해초가 바위를 덮고 있다면 미끄러울 수 있어요. 또 조개껍데기에 발을 다칠 수도 있으니 맨발로 가면 안 돼요. 바닷물에 젖어도 되는, 오래된 운동화를 신고 가면 좋아요.

- 그물을 가져가면 동물을 잡는 데 도움이 돼요. 잡은 동물은 바닷물을 담은 양동이에 잠시만 넣어 둬요. 그리고 책에 있는 그림과 비교하면 동물을 더 쉽게 구별할 수 있어요.

- 문어를 잡으면 먹물을 뒤집어쓰지 않게 주의해요! 불가사리를 잡으면 팔을 잡아당기지 말고요.

게를 잡는 방법

- 조수 웅덩이에서 볼 수 있는 동물 중에는 게처럼 긴 시간 물 밖에 있는 동물도 있어요. 게를 잡아 관찰해 봐요. 그러려면 그물, 양동이, 작은 생선 같은 미끼가 필요해요.

- 썰물 때 낚시를 하면 좋아요. 다시마 아래, 바위 밑 같은 조수 웅덩이의 가장 어두운 부분에서 게를 잘 찾아 봐요.

- 그물 안에 미끼를 넣고 천천히 움직여요. 게가 미끼를 물면 천천히 당겨요. 그물이 물속에 있어야 게가 갑자기 움직이는 걸 막을 수 있어요!

주의: 관찰이 끝나면 반드시 동물이 있었던 조수 웅덩이에 다시 풀어 줘야 해요.

조수 웅덩이에서 낚시하며 재밌게 보내요!

수평선 너머에는 무엇이 있을까요?

바닷가에서 바다를 바라보면 끝없이 넓어 보여요. 하지만 그 끝은 다른 대륙이죠. 그 대륙은 매우 멀리, 지구가 '굽어 있는 곳' 너머에 있어서 성능이 가장 좋은 망원경으로도 볼 수 없어요.

섬에 놀러 가요

섬은 생물학자에게 매우 특별한 장소예요. 다른 곳에는 존재하지 않는 종이 살기도 하고, 물개와 바닷새 같은 해양 동물이 번식 장소로 많이 선택하기 때문이죠. 바닷새나 물개 무리가 사는 섬을 방문하는 일은 쉽지는 않지만 그렇다고 불가능하지도 않아요. 그리고 대부분 배를 타고 가야 하기 때문에 잊을 수 없는 여행이 될 거예요. 섬으로 가는 길에 바다거북이나 돌고래, 운이 좋다면 고래 같은 동물을 만날 수도 있으니까요.

쉽게 갈 수 있는 섬은 많아요. 방문하기 가장 좋은 계절은 여름이고요. 방문하는 섬에 따라 다양한 생물을 만나게 될 거예요.

가장 흔한 서식 동물은 갈매기이지만 제비갈매기, 바다제비, 슴새도 살아요. 바다제비는 다른 동물들보다 드물기도 하지만 찾기도 어려워요. 천적을 피해 어둡고 달빛이 없는 밤에 섬으로 오기 때문이죠.

운이 좋다면 섬에서 밤을 보낼 때 바다제비의 소리를 들을 수 있어요. 어떤 바다제비는 특이한 소리를 내기 때문에 가까이 날아온다면 틀림없이 알아차릴 수 있어요!

내가 헤엄치는 바다에는 어떤 동물이 사나요?

다행히 우리가 헤엄치는 바다에는 위험한 동물이 살지 않아요. 하지만 작은 물고기를 밟을 수도 있고 해파리에 쏘일 수도 있어요. 물론 자주 일어나는 일은 아니에요. 우리가 가는 바다에 사는 동물은 대부분 해를 끼치지 않아요. 게다가 바다에서 만날 수 있는 동물은 아주 많아요! 동갈치, 백색 참돔, 고등어, 보리멸 등이 있어요.

● 새로운 방법으로 물속에 들어가기

준비물: 물안경, 스노클, 물갈퀴

바닷물 속에서 눈을 떠 본 적이 있나요?
경험이 있다면 눈을 뜨는 일이 쉽지 않고, 소금기 때문에 눈이 따갑다는 것도 알 수 있어요.

잠수한 상태에서 최대한 많이 활동하는 비법
- 물안경을 끼고 새로운 바다 세상을 봐요!
- 숨 쉴 수 있게 도와주는 스노클을 사용하면 매번 수면 위로 나오지 않고 바닷속을 탐험할 수 있어 좋아요.
- 물갈퀴가 있으면 더 빠르게 헤엄칠 수 있어요. 더 오래 수영하면서 물고기, 해초, 말미잘, 문어 등 많은 바다 생물을 볼 수 있죠.

주의: 혼자 수영하면 절대로 안 돼요! 항상 어른과 함께 하고 잠수도 같이 간 어른이 지켜보고 있을 때 해야 해요. 또 발견하는 생물을 잡으려고 하면 안 돼요. 알레르기 반응이 나타나거나 물릴 수 있으니까요. 기본 규칙은 '모든 것을 보되, 아무것도 만지지 않기'예요.

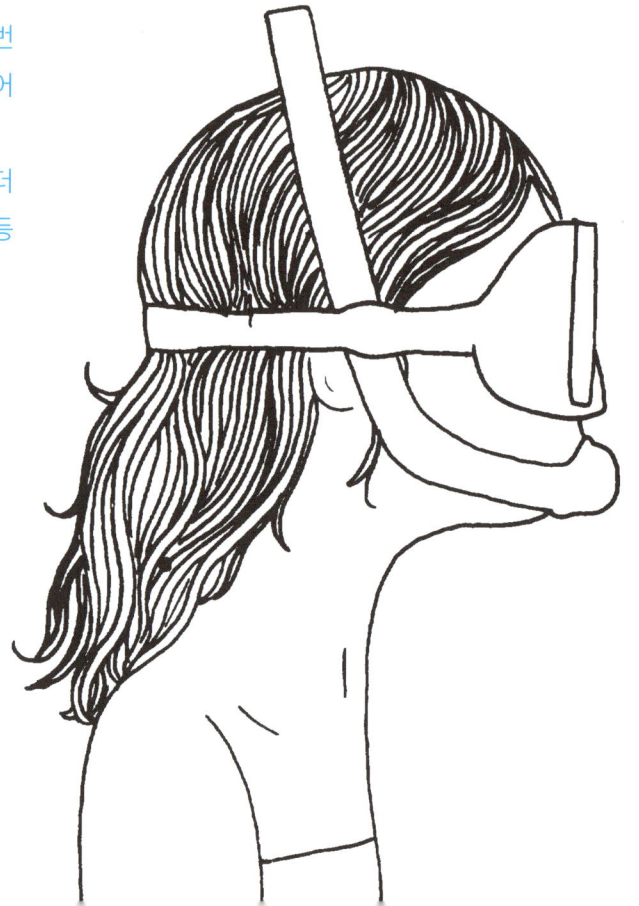

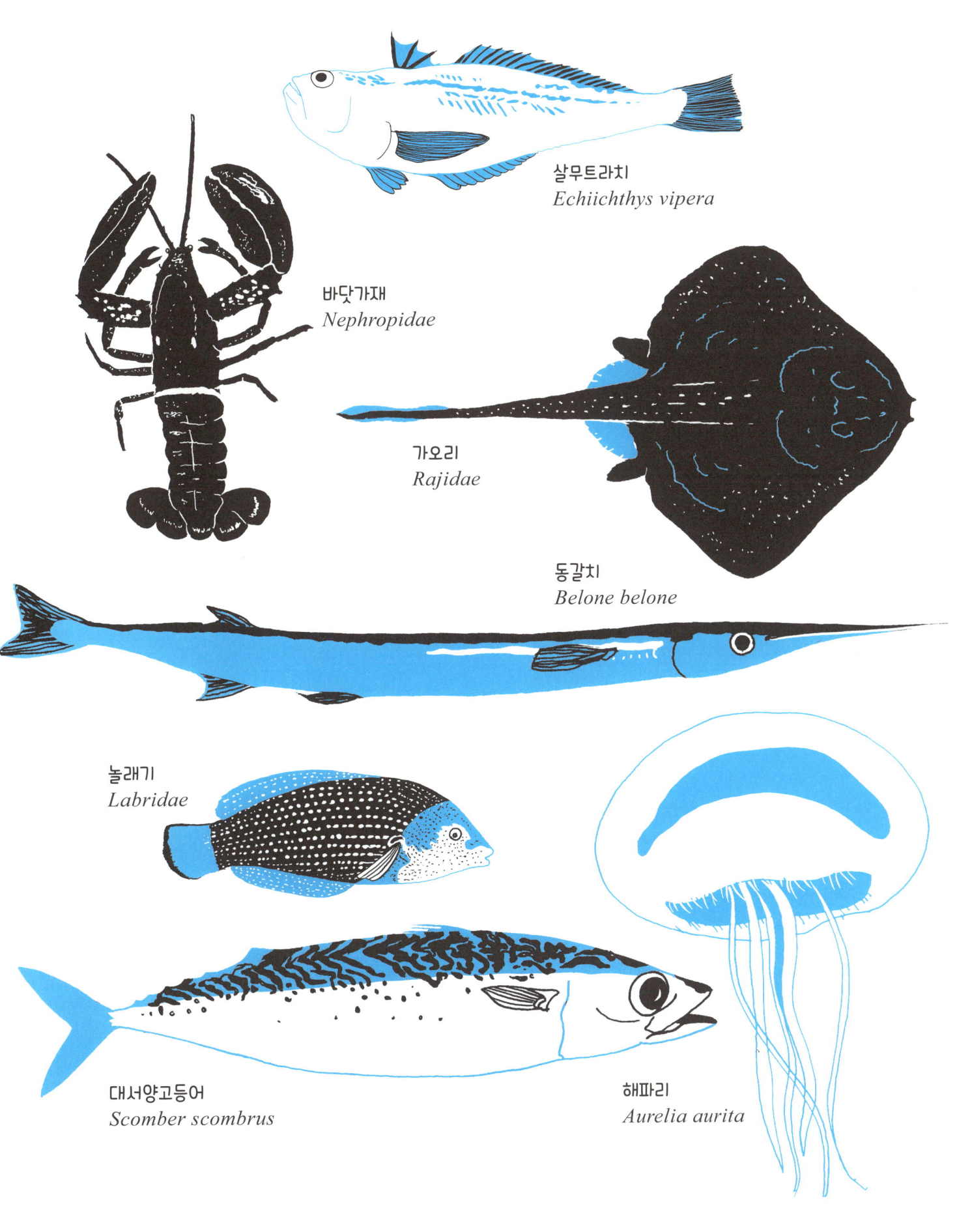

바닷속에 사는 동물은 왜 숨이 막히지 않을까요?

허파로 숨을 쉬는 포유류와 달리 해양 동물은 대부분 아가미로 물속에 녹아 있는 산소를 마시며 숨을 쉬어요. 반대로, 물 밖으로 나가면 공기에 있는 산소를 마실 수 없어서 숨을 쉬지 못해요.

새도 바닷가로 놀러 가요

새는 바닷가를 좋아해요. 하지만 일광욕을 하거나 헤엄치러 가는 게 아니라 먹이 사냥을 하러 가요. 새는 썰물 때 축축한 갯벌이나 작은 조수 웅덩이에 숨은 작은 조개, 지렁이, 새우, 게 등을 먹어요. 진수성찬을 즐기러 나타나는 새 중에는 세가락도요, 꼬까도요도 있지만 개꿩, 중부리도요, 주홍도요도 있어요. 물론 갈매기도 있죠!

보이지 않는 새는 전부 어디로 갔을까요?

새들은 생존을 위해 여행을 해요. 아마 추위를 견디지 못해 떠났거나, 원래 있던 곳에서 먹이를 구할 수 없어서 떠났을 거예요. 이렇게 생존을 위해 새들이 이동하는 것을 '계절 이동'이라고 해요.

해안에 사는 새

많은 새가 썰물 때 드러난 갯벌 위에서 먹이 사냥을 해요. 그리고 밀물이 되면 추위, 바람, 천적으로부터 보호받을 수 있는 안전한 곳으로 날아가 다시 썰물이 되기를 기다려요. 갈매기, 제비갈매기, 도요는 해안에 사는 새로 잘 알려져 있어요. 덜 알려진 다른 새들도 아름답기는 마찬가지랍니다. 강어귀나 삼각주는 새를 만나기에 알맞은 장소예요. 여러분이 사는 곳에서 가장 가까운 해안으로 나가 봐요. 5월과 9월이 새를 관찰하기에 가장 좋아요.

꼬까도요

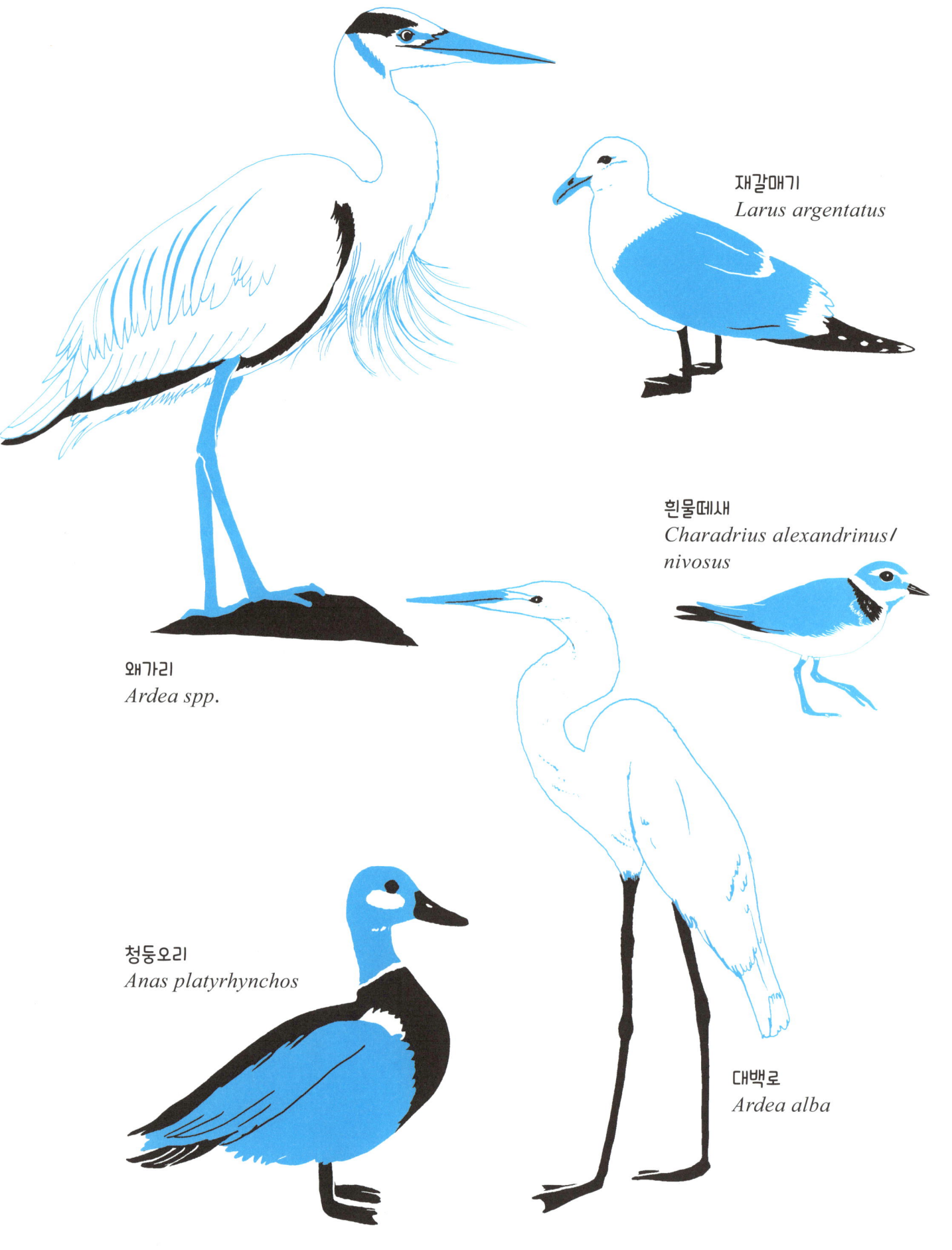

우리가 달과 별에 관해 물을 수 있는 질문은 하늘만큼이나 끝이 없어요. 과학자들은 그중 일부만 답을 찾았고 다른 질문들에 관해서는 아직 답을 찾고 있어요. 해가 지고 기온이 내려가도 밖에는 많은 볼거리가 우리를 기다려요.

겉옷을 입고 밖으로 나가 밤의 소리에 귀를 기울이며 하늘을 봐요.

여행을 시작할까요?

'천체'는 달, 태양, 별, 행성, 소행성 등 우주에 있는 모든 물체를 가리키는 말이에요. 우리가 가장 잘 아는 천체는 화성이나 금성 등 태양계에서 지구와 가까이 있는 행성이에요. 지구는 다른 행성 일곱 개와 함께 태양 주변을 돌아요.

❶ 수성 ❷ 금성 ❸ 지구 ❹ 화성 ❺ 목성 ❻ 토성 ❼ 천왕성 ❽ 해왕성 ❾ 태양

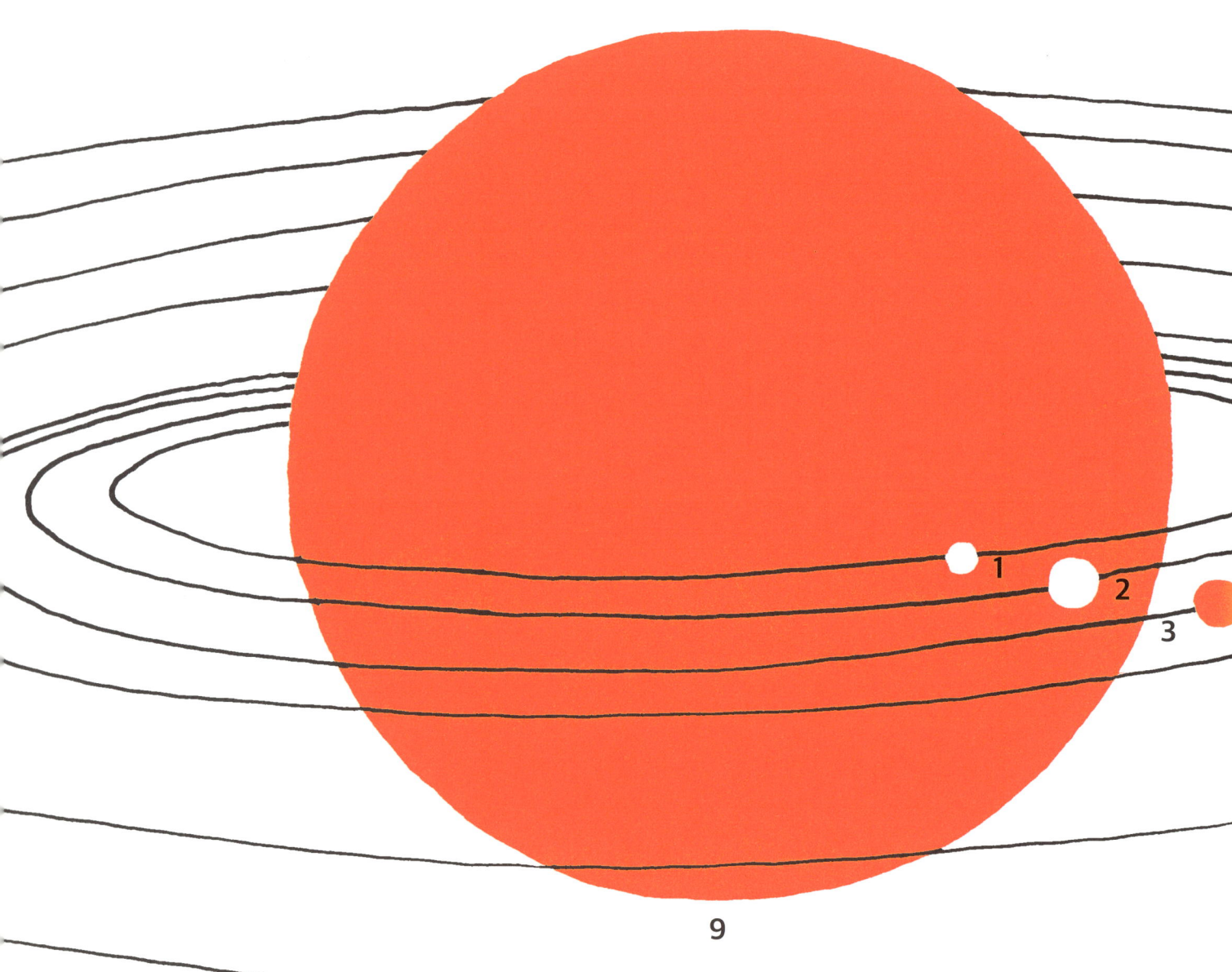

지구에서는 어떤 행성이 보이나요?

태양계의 행성 일부는 망원경으로만 볼 수 있어요. 하지만 수성, 금성, 화성, 목성, 토성처럼 가깝거나 큰 행성은 맨눈으로 볼 수 있어요.

수성과 금성은 지구와 태양 사이에 있어서 밤이 시작되는 해가 질 무렵이나 밤이 끝나는 해가 뜰 무렵에 볼 수 있어요. 금성은 해가 질 무렵이나 해 뜰 무렵에 가장 선명하게 보여서 '샛별'과 '저녁별'이라는 별명이 붙었어요.

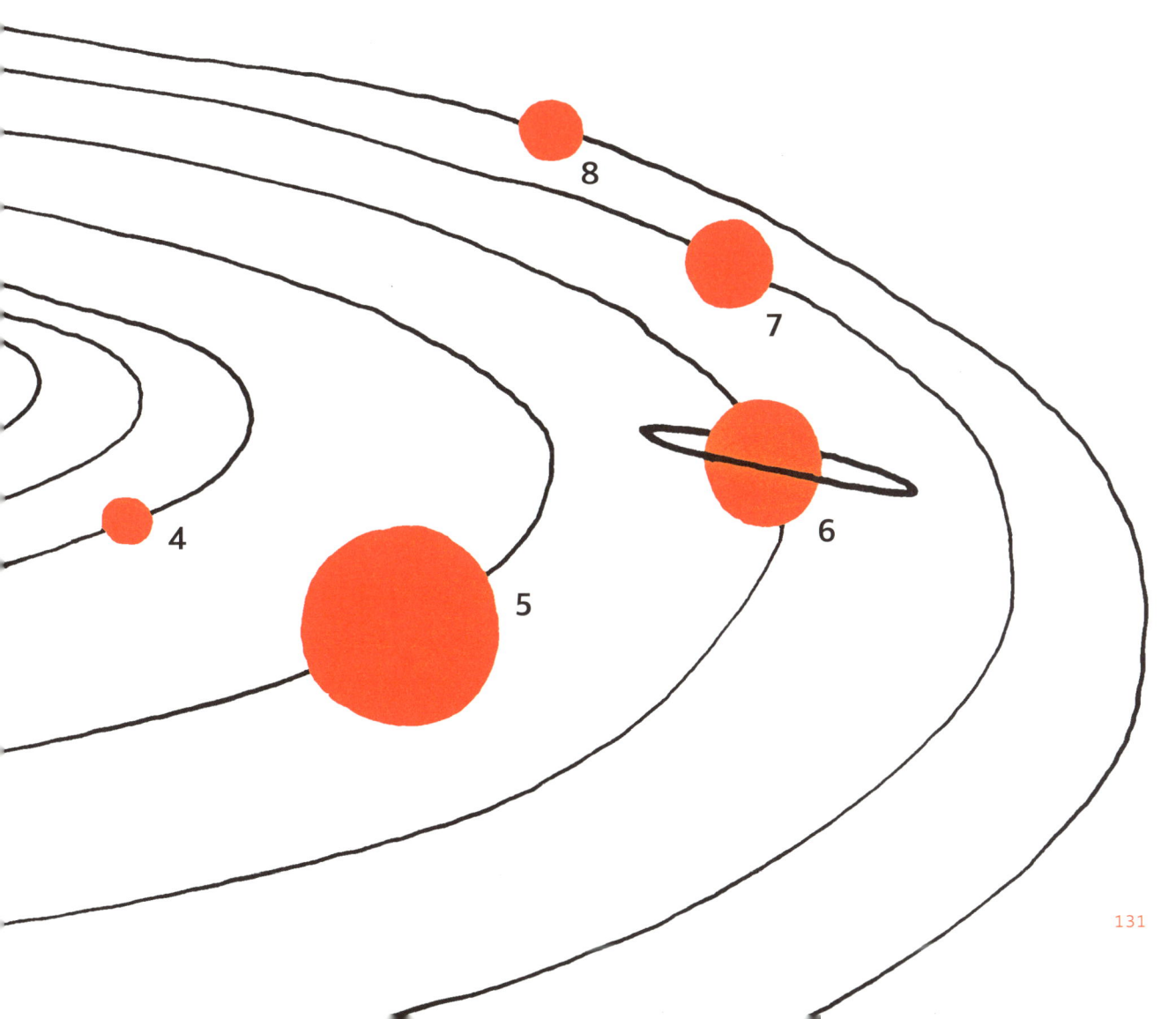

별은 무엇으로 만들어졌나요?

별은 우주에서 가장 가벼운 물질인 수소로 만들어졌어요.

별의 중심에는 죽을 때까지 수소가 타는 거대한 '용광로'가 있어요. 맞아요. 별도 태어나고 죽어요. 수소는 헬륨이라는 다른 물질이 되죠. 헬륨은 수소보다는 조금 더 무겁지만 여전히 아주 가벼워요. 둥둥 뜨는 풍선에 넣는 기체가 바로 헬륨이에요. 우리가 보는 별빛은 이 용광로에서 나온답니다!

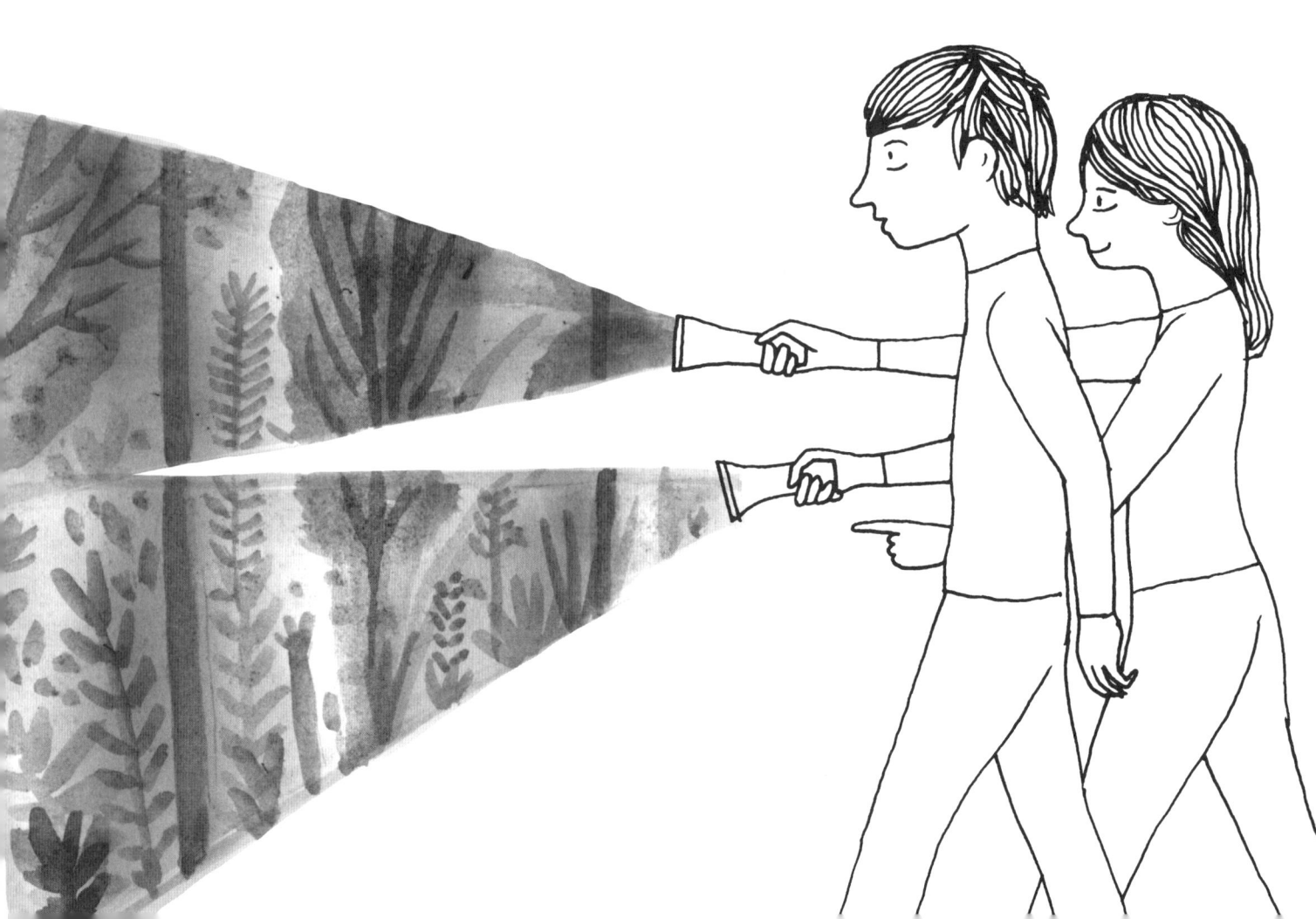

하늘에는 별이 몇 개나 있나요?

우주에는 작은 별도 있고, 태양 크기의 별도 있고, 커다란 별도 있어요. 별은 색도 여러 가지예요. 가장 차가운 빨간 별, 흰 별, 가장 뜨거운 파란 별도 있죠. 과학자들은 우주에 별이 정확히 몇 개인지는 알 수 없지만 지구의 모든 바닷가에 있는 모래알보다 많다고 이야기해요.

낮에는 왜 별이 안 보일까요?

별이 우리에게 보내는 빛은 매우 희미해요. 해가 지평선 위로 나오면 별빛은 보이지 않아요. 그래서 낮에는 별이 없는 것처럼 보이죠! 하지만 별은 본래 자리에 계속 있어요.

손전등을 가지고 산책해요

밤에 산책할 때는 손전등이나 머리에 쓰는 헤드램프를 사용해 봐요.

여러분보다 더 어린 친구들과 함께라면 손을 잡아 줘요. 어린 아이들에게 깜깜한 밤은 무서울 수도 있거든요. 하지만 신나는 경험이기도 해요!

밤에 들리는 소리에 귀 기울여 봐요. 무서우면 조용히 노래를 부르거나 휘파람을 불어요.

부엉이를 흉내 내요

부엉이가 우는 소리를 녹음한 뒤 시골에 가서 틀어 봐요. 다른 새들이 그 울음소리에 답할 거예요!

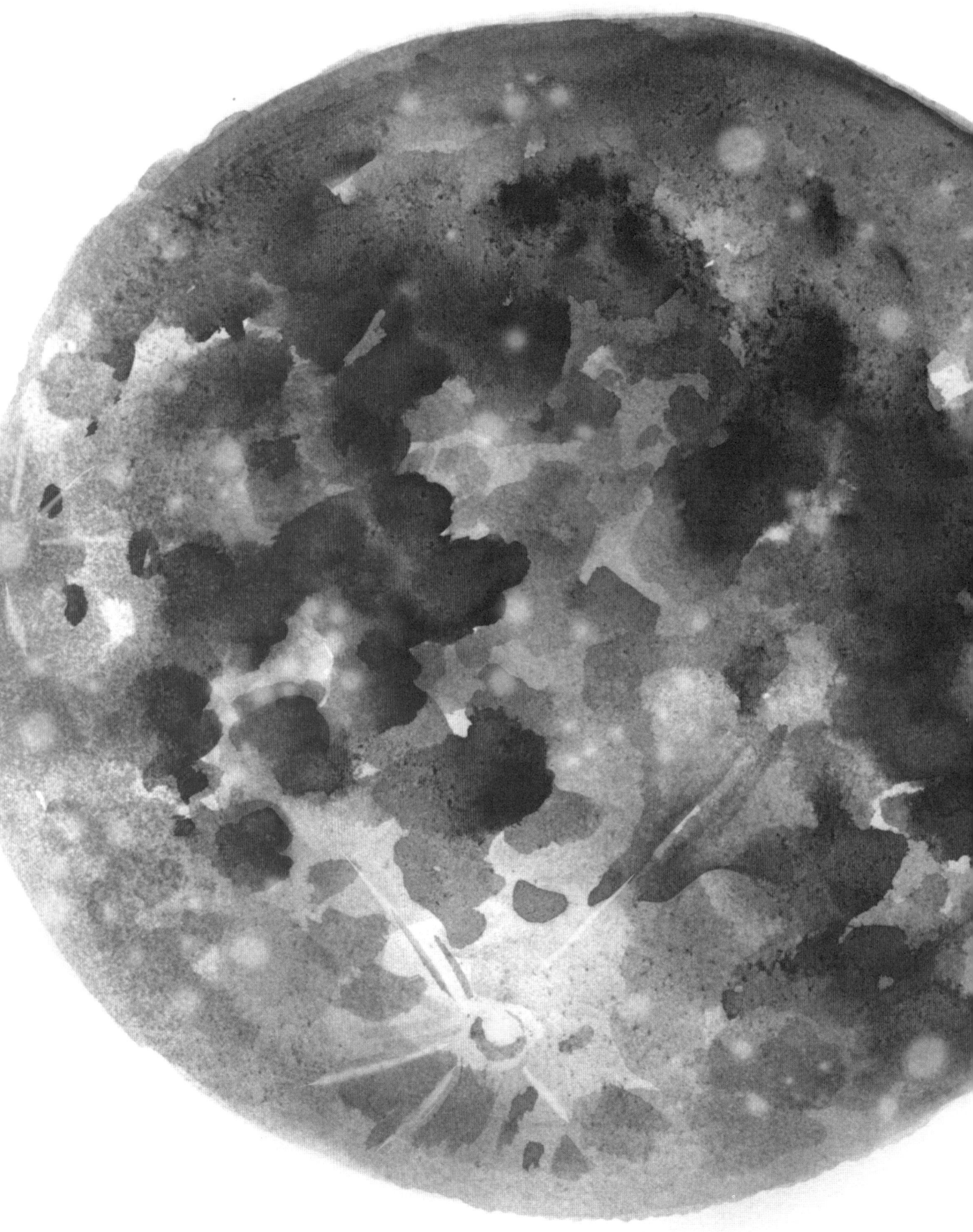

다음 행선지는 달

달은 지름이 약 3500킬로미터인 구체로, 지구 주변을 도는 자연 위성이에요.

달은 무엇으로 만들어졌나요?

달은 수백만 년 전에 만들어졌어요. 지구와 비슷하게 암석으로 이루어졌는데 지구의 '자식'일지도 몰라요. 지구 일부가 떨어져 나가 달이 되었을 수도 있다는 말이죠!

달이 어떻게 만들어졌는지 설명하는 가설은 다양해요. 그 가운데 '충돌설'을 이야기해 볼게요. 수백만 년 전 아주 큰 물체가 지구와 충돌해 지구의 조각이 떨어져 나갔어요. 이 조각들은 지구와 충돌한 물체와 합쳐져 지구 주변을 도는 새로운 천체, 즉 달이 되었답니다.

달은 스스로 빛을 내나요?

달은 별이 아니기 때문에 스스로 빛을 내지 못해요. 달빛은 달 표면에 반사되는 태양 빛이에요.

달이 보름달이 아닐 때 자세히 살펴보면 태양 빛이 비추지 않는 부분을 볼 수 있어요. 망원경으로 보면 더 자세히 관찰할 수 있겠죠?

● 달 애니메이션을 만들어요!

연습장으로 달의 움직임을 보여 주는 영화를 만들어요. 달의 움직임을 보여 주려면 옛날 애니메이션을 만들 때처럼 달라지는 움직임을 한 장씩 단계별로 그려야 해요. 그림을 다 그린 뒤 연습장을 빠르게 넘기며 달의 움직임을 봐요.

참고: 도움이 필요하면 인터넷에서 달의 모양이 바뀌는 모습을 찾아봐요.

달은 늘 볼 수 있나요?

달은 한자리에 계속 있지 않아서 늘 볼 수는 없어요. 달이 쉬지 않고 지구 주변을 한 바퀴 도는 데 27일 하고도 일곱 시간이 걸려요. 달이 지구 주위를 도는 동안 태양이 달을 비추는 부분이 달라지고, 그래서 달의 모양도 달라져요. 그리고 달이 지구와 태양 사이에 있을 때 달의 뒷면만 태양 빛을 받아서 달이 보이지 않기도 해요.

우리는 늘 달의 앞면만 보고 살아요. 달이 자전하는 데 걸리는 시간은 달이 지구를 공전하는 데 걸리는 시간과 같아서 지구에서 볼 때는 늘 같은 면만 보인답니다.

달은 얼마나 빨리 움직이나요?

달은 매우 빠르게 움직여요! 시속 3683킬로미터로 지구 주변을 돌죠.

달에도 생명체가 사나요?

아니요. 달에는 동물도, 식물도, 아무도 없어요. 사실 지구 밖에서는 어떤 생명체도 발견되지 않았어요. 과학자들은 아직 외계 생명체를 발견한 적이 없답니다!

달에 생명체가 살진 않지만 지구에 사는 생물에게 달은 매우 중요해요. 달빛을 이용해 사냥하는 동물은 보름달이 되면 더 활발하게 활동해요. 그런가 하면 천적을 피해서 초승달이 뜨는 어두운 밤에만 굴에서 나오는 동물도 있죠. 바닷가에서 알을 깨고 나오는 새끼 바다거북은 달빛의 도움으로 바다로 돌아가요. 또 달 덕분에 밀물과 썰물도 생겨요. 밀물과 썰물이 필요한 동물은 많답니다.

오늘 밤에는 어떤 달이 뜰까요?

구름 없는 밤이라면 하늘에 뜬 달을 보고 달이 어떤 모양인지 확인해 봐요. 달을 보기가 쉽지 않을 수도 있어요. 도시에 산다면 하늘이 잘 보이는 곳으로 가는 것이 좋아요. 건물 뒤에 달이 숨어 있을지도 모르니까요. 구름이 많이 꼈다면 다른 날에 다시 관찰해요. 구름이 없어야 달을 찾기가 훨씬 쉬워요.

달의 위치에 따라 달라지는 달의 모양을 알아볼까요?

삭
달이 지구와 태양 사이에 있을 때예요. 지구에서 봤을 때 달의 뒷면만 태양 빛을 받아서 우리는 달을 보기 힘들어요.

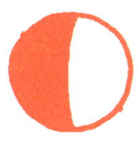

상현달
삭과 보름달 사이의 위상으로, 달은 반원 모양으로 보여요.

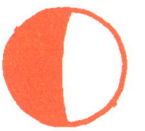

보름달
달이 태양으로부터 지구 반대쪽에 있을 때 태양이 비춰 주는 달의 전체 모습을 볼 수 있어요.

하현달
보름달과 삭 사이의 위상으로, 달은 상현달과 반대 모양으로 보여요.

달이 전혀 보이지 않으면 그때가 삭인가요?

- - - - - - - - - - - - - -

늘 그런 것은 아니에요. 달이 이미 졌을 수도 있어요. 태양과 마찬가지로 달이 뜨고 지는 시각이 있으니까요. 이 시각은 달의 모양에 따라 다음과 같이 달라져요.

- **보름달**은 해 질 무렵에 떠서 아침 일찍 져요. 보름달은 밤새 볼 수 있어요.
- **삭**은 새벽에 떠서 해 질 무렵에 져요. 낮에 아주 흐릿한 삭을 볼 수 있죠.
- **하현달**은 밤에 떠서 정오에 지고 **상현달**은 그 반대예요.

● **누워서 밤하늘을 봐요!**

삭이 뜨는 날 밤, 바닥에 누워 하늘을 관찰해요. 어둠에 익숙해지면 수천 개의 별과 행성이 눈에 들어와요.

별은 일정하게 빛나지 않고 반짝거려요. 행성은 반짝거리기보다 가만히 있는 편이에요. 자세히 살펴보면 하늘을 천천히 가로지르는 빛도 보일 거예요. 이 빛은 원거리 통신 등에 활용되는 인공위성으로, 지구 주위를 돌죠.

인공위성을 '별똥별'로 착각하면 안 돼요. 별똥별은 진짜 별이 아니라 운석이에요. 운이 좋아 별똥별을 보게 되면 소원 비는 것을 잊지 마요!

좀 더 알고 싶다면 휴대용 별자리 책을 가지고 나가 관찰해도 좋아요.

태양에 간 사람이 있나요?

아니요! 태양에 도착하기도 전에 불에 타서 죽을 거예요. 태양의 표면 온도는 약 6000도랍니다. 태양이 쉬지 않고 내는 빛이 지구에 도달하는 데 걸리는 시간은 8분이에요. 그러니까 우리가 올려다보는 태양은 8분 전의 모습이에요! 이 빛은 지구에 사는 모든 식물과 동물의 에너지원이 되죠.

왜 해는 날마다 뜨고 지나요?
해는 하늘에서 움직이는 것처럼 보여요. 동쪽에서 떠올라 서쪽으로 지니까요. 하지만 움직이는 것은 해가 아니라 지구예요!

지구는 태양 둘레를 도는 공전을 하지만 지축을 중심으로 팽이가 돌듯이 회전하기도 해요. 제자리에서 빙빙 한 바퀴 도는 데 24시간, 하루가 걸려요. '자전'이라고 부르는 이 운동 때문에 하루 동안 태양은 지구의 여러 면을 비춰요. 지구가 태양 주변을 한 바퀴 도는 공전을 하는 데 약 365일이 걸리죠.

햇빛은 정말 노란색인가요?

아니요. 햇빛의 색은 흰색이에요. 무지개색 빛이 모두 합쳐지면 흰색이 되기 때문이죠. 태양이 노란색으로 보이는 이유는 여러 색깔의 빛이 우리에게 다 같은 방식으로 도달하지 않기 때문이에요. 파란색과 보라색은 지구의 대기층을 통과하면서 퍼져 나가요. 그래서 하늘이 파랗게 보이죠! 우리에게 도달한 햇빛은 푸른색 계열을 제외한 모든 색이 섞여 있어요. 그래서 태양이 노란색으로 보이는 거예요.

왜 태양은 다른 별들보다 커 보이나요?

태양은 다른 별들보다 훨씬 크지 않아요. 실제로는 보통 크기죠. 태양보다 훨씬 큰 별도 많고 훨씬 작은 별도 있어요. 태양이 우리가 밤에 보는 다른 별들보다 커 보이는 이유는 그 별들보다 지구와 가까이 있기 때문이에요. 태양은 지구에서 1억 5000만 킬로미터 떨어져 있어요. 매우 멀리 있는 것처럼 들리겠지만 두 번째로 가까이에 있는 별인 프록시마 켄타우리는 지구에서 40조 킬로미터나 멀리 떨어져 있어요!

햇빛이 만드는 그림자를 활용해요

해돋이와 해넘이를 놓치지 말고 관찰해요
해돋이와 해넘이는 자연에서 가장 신비로운 순간이에요. 해가 뜨는 모습을 보려면 멀리 볼 수 있는 높은 곳에 올라가서 동쪽을 바라보면 돼요. 해가 지는 모습을 보려면 서쪽을 바라보면 되고요. 여러분이 사는 도시에서는 몇 시에 해가 뜨고 지는지 인터넷으로 정확한 시간을 알 수 있어요.

노을을 그려요
구름이 별로 없는 날을 골라요. 물감, 붓, 종이나 캔버스 등 그림을 그리는 데 필요한 준비물을 챙겨요. 해가 지기 시작하면 그림을 그려요! 노을빛 하늘을 보고 영감을 얻을 수 있어요.

그림자를 그려요
해를 마주한 벽에 커다란 종이 한 장을 붙여요. 그리고 해와 종이 사이에 서서 재미있는 자세를 취하면서 벽에 생기는 그림자를 관찰해요. 친구에게 내 그림자를 그려 달라고 해요. 위치를 바꿔서 나도 친구의 그림자를 그려요.

색이 다양한 그림자
여러 색의 셀로판종이를 이용해 예쁜 그림을 만들어요! 셀로판종이를 들어 햇빛이 통과할 때 바닥에 어떤 그림자가 생기는지 관찰해요. 우산이나 물뿌리개 등 여러 모양으로 셀로판종이를 잘라서 다양한 그림자를 만들어요.

태양의 힘을 관찰해요
햇빛은 매우 강해요. 쟁반에 나뭇조각, 천, 플라스틱, 고무 등 다양한 재료로 만든 물건을 담아요. 쟁반을 햇빛에 내어놓고 시간이 지나면 어떻게 되는지 관찰해요. 하루, 5일, 10일, 한 달 단위로 관찰 일지를 써 봐요.

빛과 그림자를 그려요
나무 아래 빛과 그림자가 있는 곳을 골라요. 종이를 펼친 채 돌아다니며 종이 위에 나타나는 예쁜 그림자 모양을 찾아요. 마음에 드는 모양을 발견하면 종이 위에 그림자의 윤곽을 따라 그려요.

주의: 절대로 해를 똑바로 쳐다보지 마요. 눈을 다칠 수 있어요. 그리고 햇볕이 강한 날에는 모자를 쓰고 자외선 차단제를 꼭 발라야 해요.

하늘은 날마다 우리에게 기억에 남을 아름다운 경치를 보여 줘요. 하늘에 떠 있는 구름, 내리는 비, 공중에서 부는 바람, 크고 작은 폭풍까지.

하늘을 자세히 살펴볼까요?

하늘은 무엇으로 만들어졌나요?

하늘은 지구에서 볼 수 있는 대기나 우주의 일부예요. 우리는 구름과 별이 모두 하늘에 떠 있다고 말하죠.

대기는 무엇인가요?
우리가 공기를 다르게 부르는 말이 대기예요. 대기는 기체들로 이뤄졌어요. 주로 질소와 산소가 많이 들어 있죠. 물과 먼지, 꽃가루 같은 것들도 조금씩 섞여 있어요.

대기는 왜 우주로 사라지지 않나요?
대기는 밀도가 낮아서 계속 올라가 우주로 사라질 수 있어요. 하지만 중력이 우리를 땅 위에 붙잡는 것처럼 대기도 붙잡고 있어요. 그래서 우주로 사라지지 않는 거예요.

지구의 대기는 어떤 역할을 하나요?
대기는 태양복사에너지로부터 생물을 보호해요. 또 지구의 기온을 온화하게 유지하고, 물을 운반하고, 생명에 꼭 필요한 산소 같은 기체를 보관해요.

눈으로 공기를 바라봐요!

맑은 날 오후, 햇빛이 바로 들어오는 창문을 골라요. 창문 아래 바닥에 누워 가만히 햇빛이 들어오는 모습을 관찰해요. 눈이 햇빛에 익숙해지면 공중에 떠 있는 먼지가 빛에 반사되는 게 보일 거예요. 햇빛 때문에 먼지 입자가 보이는 거죠. 먼지보다 더 작은 입자도 공중에 떠다녀요.

이렇게 보이는 먼지는 공기의 작은 부분이에요. 눈으로 볼 수 있는 공기인 셈이죠.

저 하늘 위에도 공기가 있나요?

지구 표면에 더 가까울수록 공기의 밀도는 높아져요. 반대로, 지구와 멀어질수록 공기의 밀도는 낮아져요. 땅에서 멀어질수록 공기가 줄어든다는 뜻이에요. 그래서 높은 산 정상에 오르면 숨을 쉬기가 어렵답니다.

달에도 대기가 있나요?

달에는 대기가 없어요. 달의 중력은 매우 약하기 때문이죠. 하지만 태양계의 다른 행성들과 위성들에는 대기가 있어요. 물론 지구의 대기와 비교할 수는 없지만요!

무지개는 아주 멋져요!

무지개는 태양 광선이 물방울을 통과할 때 굴절되고 반사되면서 나타나요. 물방울은 광선의 방향을 바꾸죠.

무지개는 왜 여러 색으로 나타날까요?
태양 광선은 무지개에 나타나는 모든 색으로 이루어져 있어요. 하지만 이 모든 색이 합쳐지면 우리 눈에는 흰색으로 보이죠.

광선이 물방울을 통과하면 물방울이 프리즘 역할을 하면서 합쳐졌던 빛의 색을 나누어 줘요.

무지개 두 개가 동시에 나타나기도 하나요?
네, 쌍무지개가 뜨는 경우도 있어요. 이때 선명한 무지개 위에 더 크고 덜 선명한 무지개가 보여요. 물방울이 태양 광선을 두 배로 반사하면서 생기는 현상이죠.

자세히 살펴보면 두 번째 무지개의 색깔은 첫 번째 무지개의 색깔과 순서가 반대로 나타난다는 걸 알 수 있어요.

어디에서 봐야 할까요?
무지개를 보려면 해는 등 뒤에, 물방울은 앞쪽에 있어야 해요.

무지개색을 알아봐요

처음으로 태양 광선의 색을 구분한 과학자는 아이작 뉴턴이에요. 당시에는 다섯 가지 색만 확인했어요. 이후 여섯 가지 색을 구분한 사람도 있었죠. 그러나 오늘날에는 다들 무지개가 일곱 색깔로 이루어졌다고 여겨요. 색 순서는 늘 빨강(무지개 가장 바깥쪽이에요.), 주황, 노랑, 초록, 파랑, 남색, 보라(무지개 가장 안쪽이죠.) 순으로 나열하고요.

참고: 무지개색 순서를 외우고 싶다면 '빨주노초파남보'로 기억해요!

멋진 비구름이야!

구름은 어떻게 만들어지나요?
구름은 아주 작은 물방울이나 얼음 입자가 모여 만들어져요. 이 방울은 매우 조그맣고 가벼워서 땅으로 떨어지지 않고 공중에 떠 있죠. 방울이 하늘에 수억 개 모이면 우리 눈에 구름의 형태로 보여요.

구름 분류 기준
영국에서 아마추어 기상학자로 활동한 약사 루크 하워드는 1803년에 구름을 분류하는 기준을 처음으로 만들었어요. 1887년 랠프 애버크럼비와 후고 힐데브란드힐데브란드손이라는 기상학자가 구름의 분류를 국제적으로 통일했고요. 오늘날에도 고도에 따라 구름을 구분해요.

상층구름
고도 7킬로미터 이상에서 나타나는 가장 높이 있는 구름이에요. 얼음 결정이 모여 만들어진 구름으로, 깨끗하고 반짝이는 흰색이며 맑은 날에 볼 수 있어요.

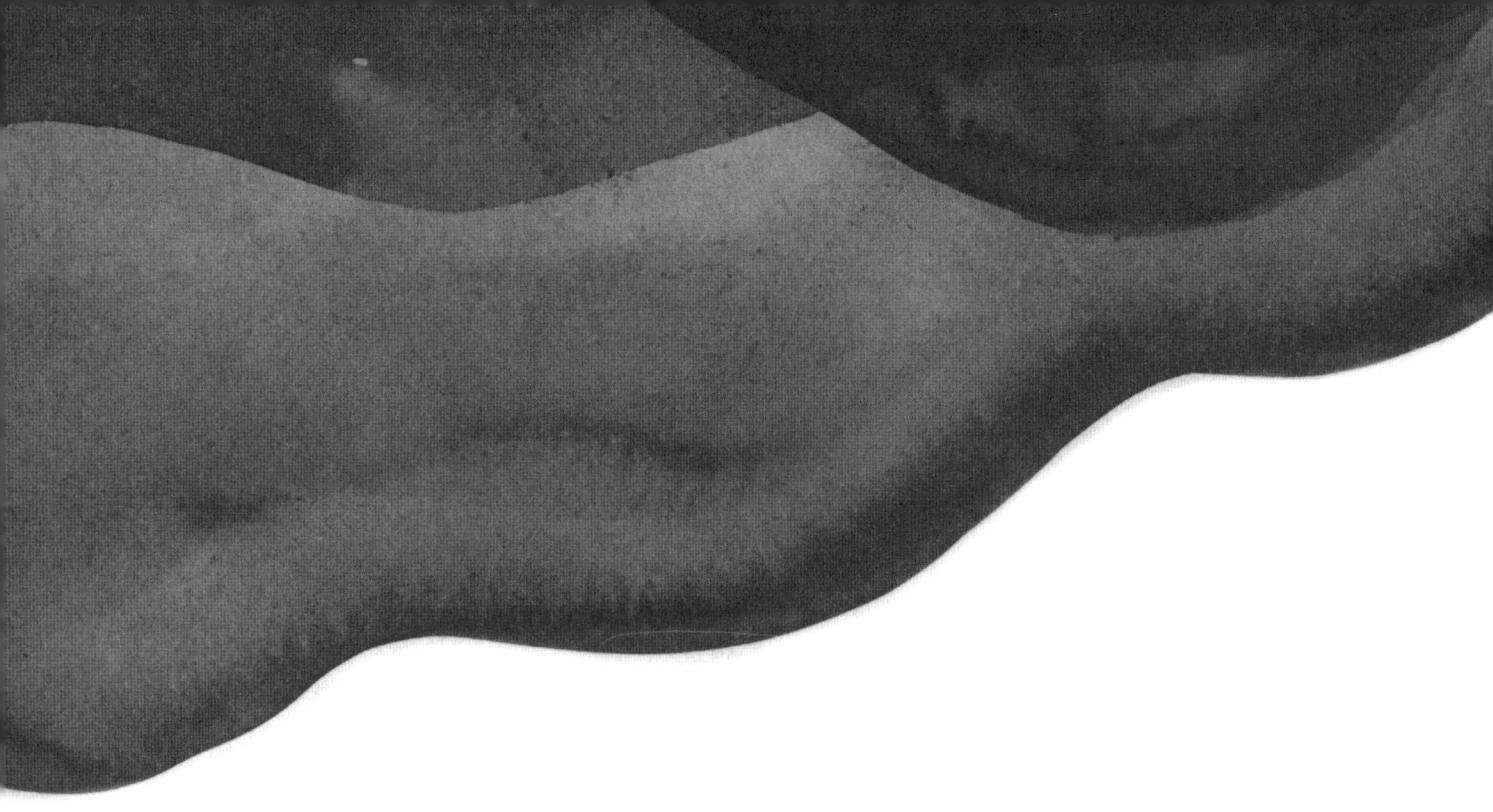

중층구름
고도 2~7킬로미터 사이에 나타나는 구름이에요. 보통 층을 이루며, 푸르거나 회색빛을 띠어요. 중층 구름이 끼면 비가 와요.

하층구름
고도 2킬로미터 이하에 나타나고 가장 낮게 끼는 구름이에요.

수직발달구름
구름의 아랫부분은 고도 200미터~3킬로미터에서 생겨요. 그리고 9킬로미터까지 늘어나요! 수직발달구름은 폭우를 일으켜요.

이 네 가지 유형의 구름은 다시 열 가지로 구분돼요.

상층구름

❶ **권운**은 가장 흔한 상층 구름이에요.

❷ **권층운**은 아주 얇아서 햇빛과 달빛이 통과할 수 있어요.

❸ **권적운**은 작고 동그란 모양으로, 굵은 밧줄처럼 생겼어요. 겨울에 더 잘 나타나며 맑고 추운 날에 볼 수 있어요.

중층구름

❹ **고층운**은 하늘 전체를 덮기도 해요. 밀도가 가장 적은 부분은 해를 흰 접시처럼 보이게 하죠.

❺ **고적운**은 하늘에 사는 작은 양처럼 보여요. 따뜻하고 습도 높은 아침에 고적운이 보이면 오후에 폭풍우가 내릴 수도 있어요!

하층구름

❻ **난층운**은 아래쪽이 두껍고 어두워요. 난층운이 보이는 날이면 비나 눈이 내릴 때가 많아요.

❼ **층운**은 높이 낀 안개처럼 보여요. 소나기를 내리게 할 때도 있어요.

❽ **층적운**은 회색이고 폭신해 보여요. 층적운이 보이는 날에는 비가 거의 내리지 않아요.

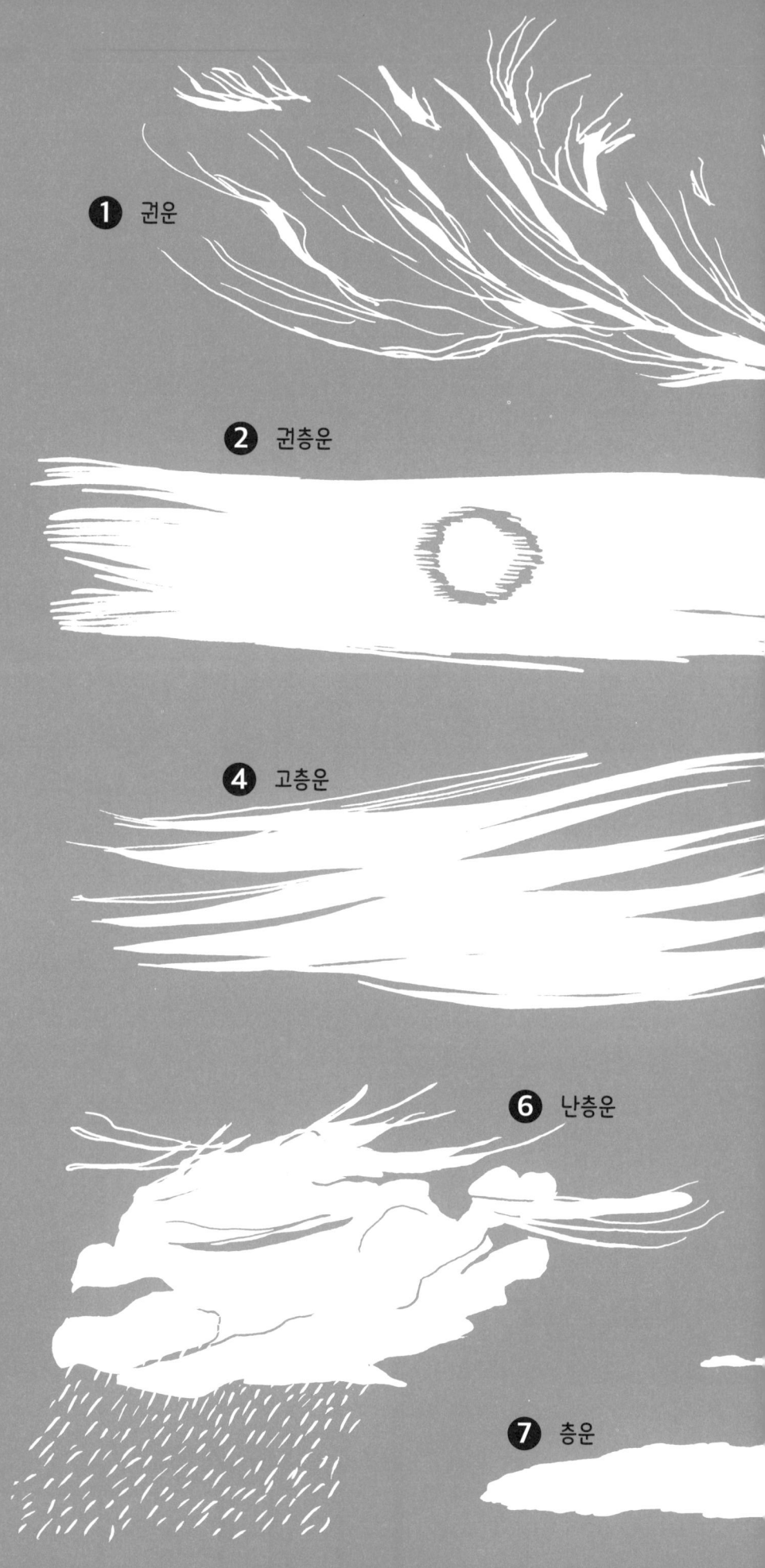

❶ 권운
❷ 권층운
❹ 고층운
❻ 난층운
❼ 층운

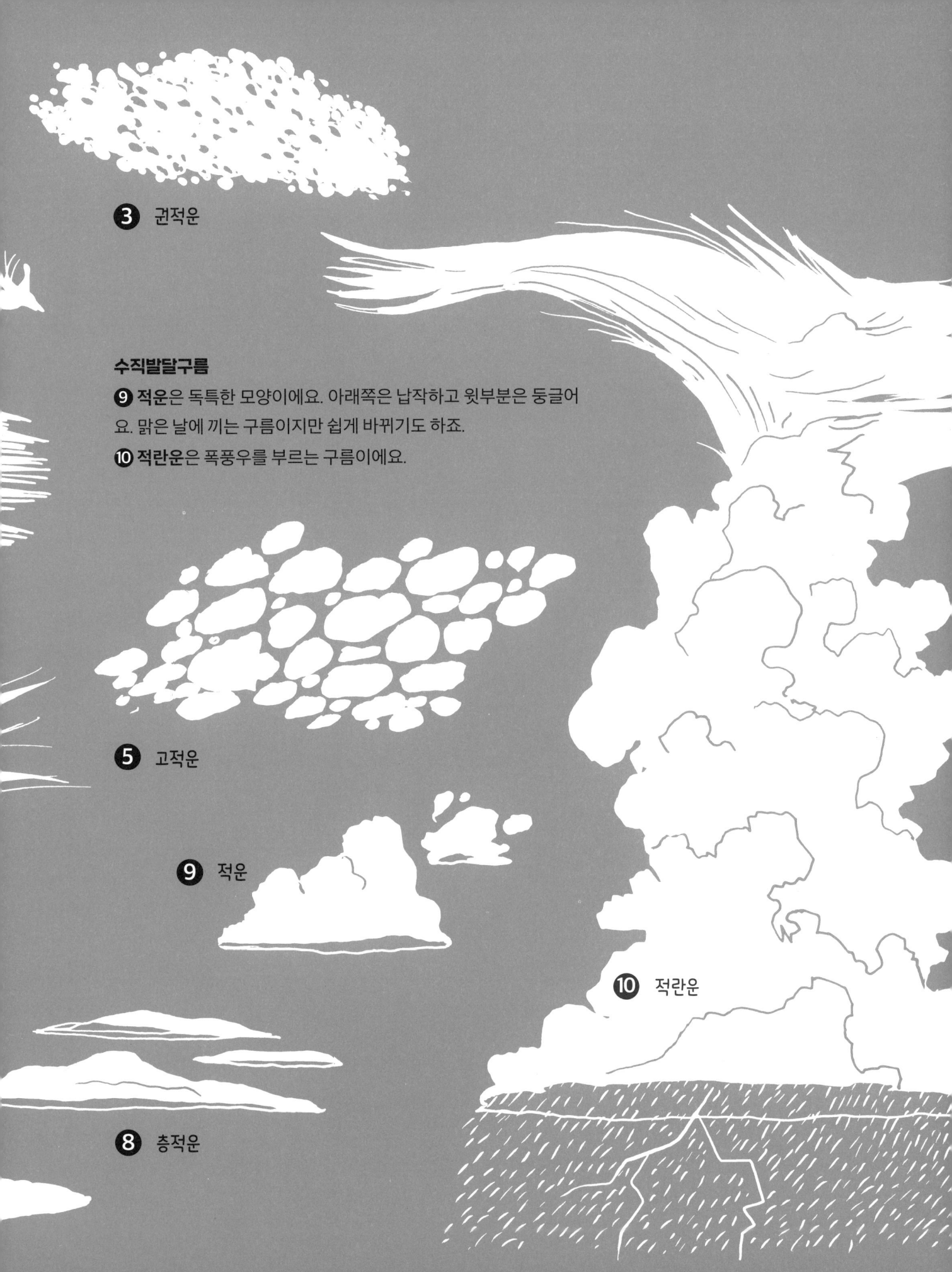

비가 와요!

구름은 어떻게 만들어지나요?
공기 중에 물이 있다는 사실은 다들 알죠? 하지만 우리가 보지 못하는 이 물은 액체가 아니에요. 기체로 된 수증기의 형태예요.

수증기를 머금은 공기가 대기로 올라가 차가운 공기를 만나면 수증기는 수백만 개의 물방울로 응축되어 구름으로 변해요. 물방울은 서로 합쳐져 더 커지고 무거워지죠. 그러다가 쫘아! 비가 내려요.

구름은 어떻게 움직이나요?
바람이 구름을 움직이게 해요. 높이 떠 있는 구름은 거대한 공기의 흐름에 밀려 시속 160킬로미터 이상으로 움직이기도 해요.

바람은 무엇인가요?
바람은 움직이는 공기예요. 그리고 바람은 태양에너지 때문에 생기죠. 왜 그런지 알아볼까요?

태양은 지구의 여러 지역에 있는 공기를 각각 다르게 데워요. 따뜻하게 데워진 공기는 위로 올라가고 기압이 낮아져요. 반대로 차가운 공기는 아래로 가라앉으며 기압이 높아지고요. 이렇게 서로 다른 기온과 기압 차이 때문에 기압이 높은 곳에서 낮은 곳으로 공기가 움직여요. 이게 바로 바람이에요.

비 오는 날에 뭘 하면 좋을까요?

비가 온다고 집에서 심심하게 지낼 이유는 없어요! 우비를 입고 장화를 신으면 재미있는 일을 많이 할 수 있어요.

바람을 그려요
바람은 눈에 보일까요? 보일 때도 있고 보이지 않을 때도 있어요. 종이 위에 연필이나 펜으로 바람을 그려 볼까요? 자유롭게 바람을 표현해 봐요. 폭풍우를 따라 감정이 흐르는 대로 손을 움직여요.

날아가는 동물을 그려요
날 수 있는 동물은 많아요. 나비, 모기, 벌, 새, 그리고 날치도 있죠! 여러분이 동물과 함께 날아다니는 모습을 그림으로 그려 봐요.

구름 경주를 해요
하늘에 떠 있는 구름 중 하나를 골라요. 친구도 다른 구름을 고르라고 하고요. 바람이 구름을 미는 모습을 관찰하며 누구의 구름이 더 빠른지 관찰해요!

빗물 웅덩이로 뛰어요
물론 너무 깊지 않은 웅덩이에서 놀아야겠죠? 장화같이 젖어도 되는 신발을 신어야 하고요. 어른이 와서 "이제 그만하자!"라고 할 때까지 참방, 첨벙 재미있게 놀아요. 웅덩이에 작은 돌멩이를 던져 봐도 좋아요.

종이배 경주를 해요
흐르는 빗물에 종이배를 띄워 경주를 해 볼까요? 잡지에서 자른 종이를 이용하면 좋아요. 종이가 두껍고 반짝일수록 더 좋고요. 경주가 끝나고 나서 쓰레기를 치우는 것도 잊지 마요.

빗물 수프를 만들어요
양동이에 빗물을 받아요. 그리고 나뭇잎, 돌멩이, 꽃, 씨앗 등 길에서 찾을 수 있는 다양한 물건을 다 넣어요. 기다란 막대기로 저어요. 빗물 수프 완성! 어떤 냄새가 날까요?

빗물은 색을 어떻게 바꿀까요?
종이 여러 장에 볼펜이나 색연필, 물감을 이용해서 색을 칠해요. 색칠한 종이를 비 오는 날 밖에 둬요. 빨랫줄에 걸거나 현관에 두거나 마당에 내어놓는 거죠. 종이가 비를 맞으면 어떻게 되는지 관찰해요. 예전에 그린 그림을 활용해도 좋아요.

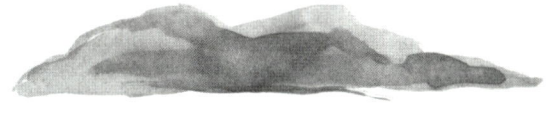

●
**바람이 세게 부는 날
밖에 나가요**

- - - - - - - - - - - - - - -

바람이 부는 날을 골라 밖으로 나가요. 나무, 풀, 빨랫줄에 걸린 옷과 이불, 사람들의 머리카락 등 주변에 있는 모든 것이 바람의 움직임에 따라 어떻게 움직이는지 관찰해요. 그리고 눈을 감고 내 몸에 닿는 바람을 느껴 봐요.

용어 풀이

간석지 111
밀물 때 물에 잠기고 썰물 때는 드러나는 모래 점토질의 땅

고유종 18
특정 지역에서만 존재하며 다른 지역에서는 자연적으로 존재하지 않는 종

공기 뿌리 35
식물 줄기나 뿌리에서 뻗어 나와 공기 중에 노출된 뿌리

공전 140
한 천체가 다른 천체를 주기적으로 도는 일

과육 46
열매 속에 씨를 둘러싼 살

관목 31
작은 키에 원줄기와 가지를 분명히 구별할 수 없으며 밑동에서 가지가 많이 돋아나는 나무. 진달래, 무궁화 등이 있음

광물 82, 84, 88, 89, 106
암석을 이루고 있는 알갱이로, 천연으로 나며 질이 고르고 일정한 화학적 구성을 가진 물질

광합성 39
식물이 태양에너지를 이용해 공기에 있는 이산화탄소와 뿌리로 흡수한 물을 포도당으로 만드는 과정. 포도당은 식물의 에너지원임

교목 31
3미터 이상 높이에 줄기가 곧고 굵은 나무. 소나무, 향나무 등이 있음

군집 18
일정 지역에 함께 사는 같은 종류의 동물이나 식물 집단

굴절 152
빛이나 소리가 한 매체에서 다른 매체로 들어갈 때 경계면에서 방향이 꺾이는 현상

균류 38
부패 중인 물질이나 살아 있는 생물에게서 영양분을 얻는 단순한 구조의 미생물

기상학자 154
대기와 기후와 관련된 모든 현상을 연구하는 과학자

꽃가루 68, 70, 71, 150
꽃의 수생식기관(수술)이 만드는 고운 가루로, 수생식핵을 갖고 있음. 이 핵이 암생식세포와 합쳐지면 씨앗이 생김

꽃가루받이 68
식물의 꽃가루를 수술에서 암술로 옮기는 생식 활동. 꽃 한 송이 안에서 또는 한 식물의 두 꽃 사이에서 일어나면 '제꽃가루받이'라고 하며, 다른 식물의 꽃으로 꽃가루가 이동하면 '딴꽃가루받이'라고 함

꽃가루 매개자 71, 73
식물의 꽃가루받이를 도와주는 요소. 곤충, 새, 포유류 등 다양한 동물이 될 수도 있고 바람(풍매), 물(수매)처럼 무생물이거나 사람(인위적 수정)이 될 수도 있음

꽃받침 69, 71
꽃잎과 생식기관을 보호하는 꽃의 가장 바깥 부분으로, 보통 녹색을 띰

꽃부리 69, 71
꽃 한 송이를 이루는 꽃잎들 전체. 꽃가루 매개자를 끌어들이는 역할을 함

꽃차례 73
여러 꽃이 식물의 줄기나 가지에 붙는 순서나 배열한 모습. 총상꽃차례, 두상꽃차례, 미상꽃차례, 원추꽃차례, 산방꽃차례, 산형꽃차례, 육수꽃차례 등 다양한 종류의 꽃차례가 있음

나이테 32, 33
나무가 자라면서 1년마다 하나씩 생기는 층으로, 줄기나 가지를 가로로 자르면 볼 수 있음

낙엽수 14, 43
가을이나 겨울에 잎이 떨어졌다가 봄에 새잎이 나는 나무

너울 108, 109
크고 사나운 바다의 물결

다공성 35
물질의 내부나 표면에 작은 구멍들이 많이 나 있는 상태. 액체나 기체가 그 사이로 이동할 수 있음

당 39
단맛이 나고 물에 녹는 탄수화물

대기 89, 141, 150, 151, 158, 159
행성 주변을 둘러싼 기체. 지구의 대기를 가장 많이 차지하는 기체는 질소와 산소임

대륙 이동 95
지구의 지각을 이루는 커다란 암석 판의 이동

동물군 14, 18
특정 지역이나 시대, 환경에 해당하는 동물

땅속뿌리 35
땅속에 묻힌 식물의 뿌리

마그마 86, 87
지구 표면 아래에 있는 뜨거운 액체 암석

마루 108, 109
파도의 가장 높은 부분

맹금류 12, 14
독수리나 부엉이와 같이 사나운 성질에 육식하는 종

멸종 11
종이 사라짐. 특정 종에 속한 모든 생물이 죽었을 때에 쓰는 말

모스굳기계 89
어떤 광물이 다른 광물에 의해 얼마나 쉽게 긁히는지를 측정해서 나타낸 상대적 기준

물관부 32, 33
물관부 수액을 뿌리에서 잎까지 운반하는 관다발식물의 조직

밀도 92, 151, 152, 156
물질의 질량을 부피 단위로 나눈 값. 어떤 물체를 액체에 담갔을 때 액체보다 밀도가 낮으면 위에 뜨고, 액체보다 밀도가 높으면 가라앉음. 무언가가 얼마나 압축되어 있는지를 나타낼 때도 밀도로 표현함

밑씨 69
꽃의 암꽃술에 있는 기관으로 자라서 씨가 됨

변성암 86, 87
높은 온도나 압력에 영향을 받아 성질이 변한 암석

부름켜 32, 33
물관부와 체관부를 만드는 조직의 층

ㅅ

사리 107, 108
음력 보름과 그믐 즈음에 밀물이 가장 높은 때

삭 137, 138
달이 지구와 태양 사이에 있을 때

상록수 43
일 년 내내 잎이 떨어지지 않고 푸른 나무

생식 51, 69
생물이 다른 생물, 즉 자손을 생산해 종을 유지하는 방법. 생식은 두 생물(암컷과 수컷)의 생식세포가 합쳐지는 유성생식과 생물 하나가 동일한 다른 생물을 생산하는 무성생식으로 나뉨

생태계 12, 114
한 지역에 사는 모든 생물, 그들을 둘러싼 환경, 그리고 생물과 환경 간 모든 관계의 합

서식지 11, 12
어떤 생물 종의 생존에 필요한 조건을 갖춰 자리를 잡고 살게 하는 장소

세포 32
생물의 기본 구조. 동물과 식물은 수백만 개의 세포로 이루어져 있음. 세포는 아주 작아서 현미경으로만 볼 수 있음

송진 38
잣나무나 소나무가 내보내는 끈적끈적한 액체로, 독특한 향기가 남

수술 64, 68, 69
꽃의 수생식기관으로, 꽃가루를 만들고 보관함

수정 70
암컷과 수컷의 생식세포가 합쳐지는 과정으로, 새로운 생물의 시작을 가리킴

수증기 158
대기에 기체 형태로 있는 물. 보통 증발의 결과로 생김

심피 69
암술을 구성하고 있는 잎

암수딴그루 50
암꽃과 수꽃이 각각 다른 식물에서 피어 암그루와 수그루가 구분되는 식물

암수한그루 50
한 그루에 암꽃과 수꽃이 같이 피는 식물

암술 64, 68, 69
꽃의 암생식기관. 암술머리, 암술대, 씨방으로 이루어져 있음

용암 89
화산에서 뿜어져 나오는 뜨거운 액체 암석

입자 92, 151, 154
물질을 이루는 아주 작은 크기의 물체

자전 135, 136, 140
천체가 스스로 고정된 축을 중심으로 회전하는 일

적응 14, 39
생물이 서식 환경에 더 맞추도록 변화하는 과정

조금 107, 108
밀물과 썰물이 가장 가장 낮은 때

조류 107, 108
밀물과 썰물로 인해 일어나는 바닷물의 흐름

중력 107, 150, 151
지구 위의 물체가 지구에게서 받는 힘

증발 39
물이 액체 상태에서 기체 상태로 변해 수증기가 되는 현상

지각 82-83, 94
지구의 바깥 부분

지름 56, 135
원이나 구의 중심을 통과하여 그 둘레 위의 두 점을 직선으로 이은 선분의 길이

지진계 94
땅의 움직임을 탐지하는 데 사용하는 기계

진화 18
어느 종이 세대가 거듭되면서 나타나는 유전적 특징 변화. 시간이 지남에 따라 바뀌는 환경에 적응하고 다른 종의 출현을 일으키면서 종이 변화하고 다양해지는 과정을 뜻함

천연림 14
사람의 힘 없이 자연스레 자라서 이루어진 삼림

천적 50, 114, 117, 121
먹이사슬에서 잡아먹히는 동물에 대응해 잡아먹는 동물

천체 130~141
달, 태양, 별, 행성, 소행성 등 우주에 있는 모든 물체

체관부 32, 33
잎이 만든 수액을 나무의 모든 부분으로 보내는 관다발식물의 조직

침식 84, 87, 96, 97, 99
자연현상이 땅 표면을 깎는 일

침엽수 14, 38
가늘고 길며 끝이 뾰족한 잎을 가진 나무. 소나무, 전나무 등이 있음

코르크 32, 52, 53, 54
코르크나무 등의 껍질 외피로 나무를 보호하고 방수 기능이 있는 조직

ㅌ

퇴적암 86, 87
퇴적물이 쌓이고 압축되어 생긴 암석

ㅍ

파고 108, 109
파도의 골과 마루 간 거리

파장 108, 109
파도의 두 마루 사이나 두 골 사이의 거리

판게아 94
대륙이 수평으로 이동한다는 학설에서 지금의 대륙이 하나의 커다란 대륙을 이루고 있을 때의 이름. 이 대륙을 둘러싼 큰 바다의 이름은 '판탈라사'임

풍화작용 84, 87
땅 표면을 이루는 암석이 공기나 햇빛, 물 등으로 인해 부서지거나 분해되는 일

ㅎ

해수면 108, 109
바닷물의 표면이 되는 선

호흡뿌리 35
공기뿌리의 하나로, 산소가 부족한 진흙이나 물속에 뿌리를 내린 식물의 일부가 공기 중으로 뻗어 나와 산소를 얻음

화석 95
수천 년 또는 수백만 년 전 지층에 묻혔다가 발견된 동식물의 몸체나 흔적

화성암 86, 87
마그마가 식어 굳을 때 생기는 암석의 종류

활엽수 14, 38
넓고 큰 잎을 가진 나무. 떡갈나무, 너도밤나무 등이 있음

기타

GPS 22, 95
위성 위치 확인 시스템(Global Positioning System)의 약자로, 지구 궤도를 도는 인공위성이 보내는 정보를 이용해 정확한 위치를 찾는 시스템

생물분류는 그 형태와 구조, 생식, 발생 등을 살펴 비슷한 점과 다른 점에 따라 일정한 체계를 세우는 일이다. '종(種)'을 기본 단위로 하며, 종 < 속 < 과 < 목 < 강 < 문 < 계의 차례로 정리된다. 예를 들어 '느릅나무'의 생물분류는 '느릅나무(종) - 느릅나무과 - 쐐기풀목 - 쌍떡잎식물강 - 속씨식물문 - 식물계'로 이루어진다.

연대표 중요한 사건들

기원전 약 350년
그리스 철학자 아리스토텔레스가 동식물 견본을 모아 특징에 따라 분류해요. 우리에게 알려진 첫 생물 분류예요.

1632년
바뤼흐 스피노자라는 철학자가 태어났어요. 스피노자는 자연을 신의 연장이라고 보았죠. 스피노자는 돌, 동물, 식물은 전부 몸과 영혼이 있다고 믿었어요.

1735년
칼 폰 린네라는 식물학자가 『자연의 체계』라는 책을 냈어요. 이 책은 오늘날까지도 우리가 사용하는 분류 체계를 담고 있는데, 학명으로 생물을 분류하는 방법이에요.

1866년
하인리히 헤켈이라는 생물학자가 생물과 우리가 사는 곳과의 관계를 연구하는 학문을 가리키는 '생태학(ecology)'이라는 용어를 만들었어요. 이 단어는 그리스어로 '연구'를 뜻하는 '로고스(logos)'와 '집'을 뜻하는 '오이코스(oikos)'를 합친 것이랍니다.

1872년
미국에서는 세계 최초의 국립공원을 지정하는 법안이 국회를 통과하고 그랜트 대통령이 이에 서명했어요. 그때 지정된 옐로스톤 국립공원은 현재 넓이가 9000제곱킬로미터가 넘어요.

1895년
영국에 자연을 보호하고 자연 훼손을 막는 단체인 내셔널트러스트가 설립되었어요. 오늘날 영국에서 가장 넓은 땅을 소유하고 있답니다.

1915년
영국에서 은행가이자 전문 자연주의자인 찰스 로스차일드가 자연을 위해 우리가 공간을 내줘야 한다는 급진적인 생각을 토론하고자 회의를 열었어요. 이 회의에 이어 자연보호구역진흥회(SPNR)라는 단체가 세워졌고, 영국의 자연보호 운동이 시작되었답니다.

1915년
미국 생태학협회라는 비영리 과학자 단체가 생겼어요. 그리고 2년 만에 307명이 가입했죠.

1949년
'야생 생태학의 아버지'라고 불리는 알도 레오폴드라는 사람이 『모래 군의 열두 달』이라는 책을 펴냈어요. 이 책의 유명한 구절 중에 "산처럼 생각하는" 방법을 배워야 한다는 말이 있어요.

1960년
영국 과학자 제임스 러브록은 '가이아 가설'이라는 이론을 내놓았어요. 지구는 하나의 생명체이며 많은 방법을 통해 스스로 조절할 수 있다는 내용이에요.

1962년
생물학자 레이첼 카슨이 『침묵의 봄』이라는 책을 펴냈어요. 규제하지 않은 살충제(DDT) 사용이 특히 새한테 위험하다는 것을 알려 주는 책이에요.

1970년
4월 22일에 처음으로 '지구의 날'을 기념하는 행사가 미국에서 열렸어요.

1970년
유럽연합 정상 회의에서 유럽 자연보호의 해로 지정했어요.

1971년
세계에서 가장 중요한 환경 단체가 설립되었어요. 바로 지구의 벗(1969년)과 그린피스예요.

1973년
노르웨이 철학자이자 등산가인 아르네 네스가 '심층 생태학'이라는 개념을 소개했어요. 자연은 우리의 이익을 충족하는 데 이용해도 되는 것이 아니라 우리가 똑같이 공유해야 하는 것이라는 개념이에요.

1973년
멸종 위기에 처한 야생 동식물의 국제 거래에 관한 협약(CITES)이 채택되어 멸종 위기에 놓인 수천 가지 종을 사고파는 게 금지되었어요.

1987년
'지속 가능한 발전'이라는 개념이 생겼어요. 경제, 사람, 환경은 미래 세대의 요구를 염두에 두고 연결되어야 한다는 내용이에요.

1992년
리우데자네이루에서 열린 'ECO 92'라는 회의를 통해 세계 정상들이 만나 지구의 환경 현황에 관해 논의했어요.

1997년
기후변화의 주범인 온실가스를 줄이는 목표를 세운 '교토 의정서'가 채택되었어요.

2007~2009년
유엔 총회는 2007년부터 2009년까지를 세계 지구의 해를 기념하는 기간으로 지정했어요.

2010년
유엔이 '세계 생물 다양성의 해'로 지정했어요.

더 알고 싶다면

자연 보존이나 연구에 종사하는 기관들이에요. 홈페이지를 방문해 자세한 내용을 확인해 봐요.

우리나라 기관

환경운동연합
- www.kfem.or.kr

녹색연합
- www.greenkorea.org

한국자연환경보전협회
- www.kacn.org

동물행동권 카라
- www.ekara.org

전 세계 기관

버드라이프 인터내셔널
- www.birdlife.org

국제보호협회 환경 단체
- www.conservation.org

지구섬협회
- www.earthisland.org

어스워치 연구소
- earthwatch.org

국제자연보전연맹
- www.iucn.org

오세아나
- na.oceana.org

국제자연보호협회
- www.nature.org

유엔환경계획 세계자연보존모니터링센터
- www.unep-wcmc.org

유네스코
- en.unesco.org

야생동물보존협회
- www.wcs.org

세계자연기금
- www.worldwildlife.org

미국 기관

미국 자연사박물관
- www.amnh.org

국립오듀본협회
- www.audubon.org

국립공원보존협회
- www.npca.org

국립공원관리청
- www.nps.gov

학생환경보존협회
- www.thesca.org

호주, 뉴질랜드 기관

호주환경보존재단
- www.acfonline.org.au

남호주 정부
- www.environment.sa.gov.au

호주 공원 관리청
- www.parksaustralia.gov.au

뉴질랜드 보전부
- www.doc.govt.nz

영국 기관

지구의 벗
- www.foe.co.uk

그린피스
- www.greenpeace.org.uk

공동자연보전위원회
- www.jncc.defra.gov.uk

내셔널트러스트
- www.nationaltrust.org.uk

왕립조류보호협회
- www.rspb.org.uk

야생생물신탁
- www.wildlifetrusts.org

지은이 마리아 아나 페이시 디아스
1976년 포르투갈에서 태어나 리스본대학교에서 생물학 박사 학위를 받았으며, 세계 최대의 자연 보존 파트너인 버드라이프 인터내셔널에서 일하기 위해 영국으로 이주했습니다. 어린 시절부터 정원에 있는 곤충과 식물에 특별한 관심을 보였습니다.

지은이 이네스 테이셰이라 도 로사리오
1973년 포르투갈 리스본에서 태어나 리스본대학교에서 생물학을 공부하고 생태학 박사 학위를 받았습니다. 파충류, 양서류 및 포유동물을 연구했으며, 동물의 서식지와 환경 영향 연구 및 생태 모니터링에 참여했습니다. 쥐, 박쥐, 카멜레온 외에도 많은 동물을 좋아하며 모두에게 가장 특별한 것을 찾고 있습니다.

그린이 베르나르두 P. 카르발류
1973년 포르투갈 리스본에서 태어나 리스본 미술대학을 다녔고, 어린이책 출판사를 세웠습니다. 어린이를 위한 책을 창작했으며, 그림으로 권위 있는 상을 다수 받았습니다.

옮긴이 손영인
연세대학교에서 영어영문학, 불어불문학을 전공했으며 현재 바른번역에서 번역가로 활동하고 있습니다. 좋은 책의 긍정적인 영향을 전파하기 위해 오늘도 즐겁게 노력 중입니다. 옮긴 책으로는 『아빠는 페미니스트』, 『제대로 위로하기』, 『왜 나는 너와 헤어지는가』 등이 있습니다.